DIANA

Das Buch:
Gedanken zum Gedicht: Thesen zum Thema – Herr Gernhardt, warum schreiben Sie Gedichte? Das ist eine lange Geschichte – Dreierpack – Darf man Dichter verbessern? – Golden Oldies oder Wo zum Teufel bleiben eigentlich die Lyrik-Hämmer der Saison?

In einer präzisen, anschaulichen und verständlichen Sprache demonstriert Robert Gernhardt die personen- und werkübergreifenden Inhalte und Tonfälle der Gedichte unserer Zeit und zeigt, daß Gedichte nach wie vor aktuell sind.

Der Autor:
Robert Gernhardt, geboren 1937 in Reval/Estland, hat viele Talente. Er studierte Malerei und Germanistik in Stuttgart und Berlin und ist Mitbegründer der *Neuen Frankfurter Schule*. Als Maler, Zeichner, Schriftsteller, Satiriker, Cartoonist und Romancier lebt er heute in Frankfurt am Main. Seine größten Erfolge feiert er mit den satirischen Cartoons in Zeitschriften wie *Pardon* und *Titanic*. Einem breiten Publikum wurde er als Drehbuchautor der Otto-Filme bekannt.
Folgende Titel sind als Diana-Taschenbuch erhältlich: *Ich Ich Ich* (62/68), *Lug und Trug* (62/84), *Klappaltar* (62/123), *Was deine Katze wirklich denkt* (62/139), *Vom Schönen, Guten, Baren* (62/165), *Kippfigur* (62/176), *Was gibt's denn da zu lachen?* (62/217), *Unsere Erde ist vielleicht ein Weibchen* (62/233).

Robert Gernhardt

Gedanken zum Gedicht

DIANA VERLAG
München Zürich

Diana Taschenbuch Nr. 62/0260

Taschenbuchausgabe 10/2002

Der Diana Verlag ist ein Unternehmen der
Heyne Verlagsgruppe, München
Printed in Germany 2002
Umschlagillustration: Robert Gernhardt
Umschlaggestaltung: Hauptmann und Kampa
Werbeagentur, CH-Zug
Druck und Bindung: Elsnerdruck, Berlin
Gedruckt auf chlor- und säurefreiem Papier

ISBN: 3-453-21111-1

http://www.heyne.de

Pro domo

Inhalt

Thesen zum Thema 9

Herr Gernhardt, warum schreiben
Sie Gedichte?
Das ist eine lange Geschichte 18

Dreierpack: Interpretationen 28

Darf man Dichter verbessern?
Eine Annäherung in drei Schritten 37

Golden Oldies oder Wo zum Teufel
bleiben eigentlich die Lyrik-Hämmer
der Saison? 75

Nachweise 125

THESEN ZUM THEMA

Das Gedicht hat Qualitäten, die es zu einer Ausdrucksform machen, welche gerade der heutige, von Impressionen und Informationen überhäufte Mensch schätzen sollte: Es ist kurz, also rasch zu rezipieren. Neben Nachricht, Slogan und Witz zählt es zu den knappsten eingeführten sprachlichen Mitteilungsarten. Anders als die drei erstgenannten kann das Gedicht auf eine jahrtausendealte belegte Geschichte zurückblicken und auf Autoren, die Dichter also, die es zu allen Zeiten verstanden haben, sich dank ihren Produkten einen ganz besonderen, nämlich den höchsten Rang unter all denen zu sichern, die das Wort ergreifen. Zugleich aber rangiert derjenige, der lediglich Gedichte verfaßt, heutzutage finanziell ganz unten, woraus man schließen kann, daß Gedichte nicht nur nicht gekauft, sondern auch kaum gelesen werden. Wieso nicht?

Während allüberall die Würze der Kürze gesucht und geschätzt wird, in Blättern wie der Bild-Zeitung ebenso wie im Video-Clip, während Werbung und Journalismus jenes Arsenal suggestiver Mitteilungsweisen hemmungslos ausbeuten, die einst von den Dichtern wenn schon nicht erfunden, so doch entwikkelt und verfeinert worden sind – Rhythmus, Vers und Strophe –, währenddessen also ist bei den Absatzzahlen der Gedichtbände von dieser Entwicklung nichts zu spüren. Weshalb nicht?

Mögliche Gründe für diese gedichtspezifische Strukturschwäche sind – und der Einfachheit halber spreche ich im Folgenden von Lyrik –: 1. Das Image der Lyrik. 2. Die Verbreitungsformen der Lyrik. 3. Die Inhalte der Lyrik und 4. Die Qualität der Lyrik.

1. Das Image der Lyrik.

Würde man eine Befragung durchführen, des Inhalts, ob Lyrik etwas Wertvolles und Bewahrenswertes sei, die Antworten fielen vermutlich quer durch die Einkommensschichten sehr positiv aus. Trotzdem kauft und liest der Arbeiter der Stirn Lyrik so wenig wie der Arbeiter der Faust, statt schmaler Gedichtbände lesen sie – wenn sie denn überhaupt Bücher kaufen – irgendwelche 500-Seiten-Romane.

Ich kann mich nicht erinnern, im letzten Jahrzehnt andere Lyrikbände auf der *Bestseller*-Liste gesehen zu haben als die von Allert-Wybranietz, dafür vergeht keine *Besten*liste, ohne daß nicht zumindest ein Lyriktitel auf ihr zu finden ist. Warum zahlt sich das gute Image der Lyrik nicht aus? Ich vermute, aus zwei Gründen:

Die Dichter haben durch die Jahrtausende den Anspruch erfolgreich verteidigt, daß ihre meist nicht allzu umfangreichen und selten übermäßig arbeitsintensiven Produkte das Beste, Größte und Tiefste seien, was Sprache leisten könne, und daß ihnen, den Lyrikproduzenten, nicht nur der übliche Künstlerbonus gebühre, sondern höhere Weihe: Dichter gleich Seismograph gleich Seher gleich Prophet gleich vom heiligen Wahnsinn Geschlagener. Zugleich setzten Dichter durch, daß in der Lyrik Eigenschaften geschätzt wurden, die in anderer sprachlicher und sonstiger Mitteilung nicht so gern gesehen und schon gar nicht honoriert werden: Unverständlichkeit und Privatheit im Inhalt und Dunkelheit und Maßlosigkeit im Ausdruck. Im Gegenzug – möglicherweise aus Rache – gewöhnten es sich die Nichtlyriker – um nicht von Lyrikkonsumenten zu reden – an, die Brotlosigkeit des Dichterberufs zu bedauern und die unterschiedlich unglücklichen Schicksale der Dichter zu begrüßen: Hunger, Wahnsinn, Sucht und Selbstmord erst verliehen den dunklen Werken den Stempel der Authentizität; wer derart von der Kelter des Lebens gepreßt worden war, der mußte ja etwas Essentielles abgesondert haben: »Der Dichter verdichtet.« Nur, daß der Bedarf an solchen Konzentraten offenbar gering ist: Wer will sich schon – außer in sehr bedürftigen Momenten – mit allzuviel Dunkelheit, Schwierigkeit und Schicksal befassen? Nur wenige – so daß es gerade der hohe Rang ist, den Lyriker für sich und ihresgleichen erworben oder erschlichen haben, der viele davon abhält, sich furchtlos mit ihren Werken zu beschäftigen, um die Erfahrung zu machen, daß die gelungeneren unter ihnen nicht dunkel und schwierig sein müssen, sondern hell und schnell sein können.

2. Die Verbreitungsformen der Lyrik.

Sie sind bedauernswert rückständig, ja rückläufig. Da, wo Lyrik ihrer Kürze wegen gut hineinpassen würde, in Tageszeitungen und Publikumszeitschriften nämlich, ist sie kaum mehr zu finden, nicht einmal ein Kulturblatt wie die ›Zeit‹ hat es fertiggebracht, einen Rahmen zu schaffen, in welchem laufend schreibtischfrische Gedichte veröffentlicht werden könnten.

(Vor Jahren gab es da eine Rubrik, die zuletzt von Jürgen Becker betraut wurde, welcher den von ihm ausgesuchten Gedichten jedesmal eine von ihm verfaßte Interpretation stützend zur Seite stellte – ein pädagogisches Vorgehen, das bei der Veröffentlichung noch des kürzesten Prosatextes undenkbar wäre und Kopfschütteln auslösen wurde.)

Ich kenne mich in der Geschichte der Publizistik nicht genügend aus, glaube aber behaupten zu können, daß es in den ersten Jahrzehnten dieses Jahrhunderts weit mehr Zeitungen und Zeitschriften im deutschsprachigen Raum gab, die Gedichte publizierten als zur Zeit. Damit meine ich nicht Literaturzeitschriften mit kleiner Auflage, sondern erfolgreiche Blätter wie den ›Simplizissimus‹, der z.B. Wedekind druckte, die ›Jugend‹, in welcher Arno Holz, René Rilke, Max Dauthendey veröffentlichten, die ›Weltbühne‹, in welcher Brecht und natürlich Tucholsky zu finden waren. Zudem brachten Tageszeitungen kontinuierlich die von Kästner so getaufte Gebrauchslyrik, also Gedichte von ihm selber, von Mascha Kaléko, von Ringelnatz – alles Leute, deren Produkte weit über dem stehen, was heutige Unterhaltungsseiten der Tageszeitungen und Wochenschriften anbieten, wo schon aus Platzgründen wenig mehr stattfinden darf als der Limerick, das auf mehrere Kurzzeilen verteilte Wortspiel oder die Gedichtrubrik vom Schlage »Fragen Sie Frau Olga« bzw. »Amadeus geht durchs Land« – beide im ›Stern‹. Das seriöse Gedicht aber, das noch im vorigen Jahrhundert in, beispielsweise, Musenalmanachen weit verbreitet wurde, lebt in unseren Tagen zurückgezogen in wenig wahrgenommenen Fachzeitschriften und in ebenso dünnen wie teuren Lyrikbänden, die meist bereits dem Durchblätternden durch allzuviel weißen Raum pro Seite signalisieren, daß die wenigen schwarzen Worte ebenjenes Konzentrat an Geist, Gefühl und Sprache bergen, auf das er gerade noch gewartet hat.

3. Die Inhalte der Lyrik.

Während Image und Auftritt der Lyrik eine, vermute ich, abschreckende Wirkung auf den potentiellen Leser haben, dürfte sporadische Lyriklektüre – und ich rede von zeitgenössischer Lyrik – nur wenige zu weiteren Versuchen ermutigen. Allzu häufig nämlich stellt sich heraus, daß der viele weiße Raum nicht dazu dient, sprachlicher, emotionaler oder intellektueller Essenz den gebührenden Platz und Rahmen zu geben, sondern daß er als auratisierendes Passepartout mißbraucht wird, um ziemlich privaten Kurzmitteilungen von erheblicher Nichtigkeit größtmöglichen Respekt zu erschleichen.

Ein Aufsatz von Hans Magnus Enzensberger hat mich auf einen recht kompletten Querschnitt heutiger deutschsprachiger Lyrik aufmerksam gemacht, auf die von Hans Bender zusammengestellte Anthologie »Was sind das für Zeiten – Deutschsprachige Gedichte der achtziger Jahre«, 1988 im Hanser Verlag erschienen. Kursorische Lektüre bereits bestätigte Enzensbergers Eindruck von viel Betroffenheit gepaart mit wenig Kunstverstand: »Neu ist ..., daß sich die herkömmliche Opposition von ›traditioneller‹ und ›experimenteller‹ Dichtung im Dilettantismus auflöst.«

Neu war für mich zudem, daß Inhalte und Tonfälle dieser Lyrik der 80er häufig derart personen- und werkübergreifend sind, daß es keine Schwierigkeiten bereitet, Sätze und Absätze verschiedener Gedichte unterschiedlicher Dichter zu neuen Gebilden zusammenzusetzen, ohne daß die Klebestellen als Bruchstellen deutlich würden, im Gegenteil: Meist gewinnt das Werk durch eine solche Collage:

Noch grün, die dürftige
Heimat, Deutschland
im Herbst, säuberlich
aufgeräumt wie immer.

Jetzt werden Ping Pong Tische
ins Freie gezogen
weiße Gartenmöbel
auf den Rasen gesetzt

Ein rosiges Licht über den Banktürmen
und Spatzen schwätzen an den Pfützen

Von weitem erkennen
einander Emigranten

Unterm Efeu Modergeruch
Wie sich das Gras
über die Kindergräber wellt.

Das ist ein Gedicht aus Peter Hamm, Michael Buselmeier, Ursula Krechel und wieder Hamm und schließlich Buselmeier – aber ich hätte auch ziemlich mühelos noch ziemlich viele andere Dichterinnen und Dichter mit hineinschneiden können, bzw. all ihre Werke, die einem offenbar verbreiteten Unbehagen an diesem unserem Lande in nur wenig gehobener, eigentlich herzlich prosaischer Sprache Ausdruck geben – und so redet ein großer Teil der ca. 150 Dichter, die Bender da versammelt hat: viel mürrisches Parlando, dessen ästhetischer, sentimentaler oder gar intellektueller Ertrag naturgemäß gering ist. Das gibt zu denken: Zu denken gibt es in dem ganzen Buch wenig – wobei denken nicht mit rätseln verwechselt werden sollte. Epigrammatische, lehrhafte – kurz: jede Form von Gedankenlyrik fehlt ganz. Auch jede Art erzählender Lyrik. Jede Tendenzlyrik. Schließlich jedwedes dezidiert komische Gedicht.

4. Die Qualität der Lyrik.

Sie ist nicht notwendig mit den Inhalten der Lyrik verknüpft, aber doch von der Haltung abhängig, die der Dichter der Welt und dem Gedicht gegenüber einnimmt: Je privater die mitgeteilten Erfahrungen, desto unpersönlicher droht das sprachliche Produkt zu werden, je zurückgenommener der Gestus der Mitteilung, desto anmaßender wirkt häufig die Mitteilung selber: Warum erzählt der mir das alles? Und wieso erwartet er von mir, ich würde das alles lesen?

Erinnern wir uns: Die Lyrik ist uralt und weltweit verbreitet. Ungezählte Herzen und Hirne haben singend, betend, fluchend, spottend, preisend, klagend, tüftelnd oder rasend unüberschaubar viele Möglichkeiten lyrischer Mitteilung erprobt und überliefert, dazu einen Fundus bestens erprobter rhetorischer Haltungen, Figuren und Tricks. All diese Ergebnisse sind spätestens seit dem hemmungslos sammelnden, sichtenden und nachdichtenden 19. Jahrhundert zumindest in Europa archiviert und verfügbar. Da haben also Jahrtausende eine Technologie verbaler Suggestion entwickelt und unendlich verfeinert – und kaum einer der heutigen Arbeiter am Wort interessiert sich für dieses Erbe. Statt dessen hausen die meisten im stillgelegten Maschinensaal wie weiland die Barbaren zwischen den römischen Ruinen –: Wenn da einer einen

Maschinenteil herausreißt, dann nicht, weil er die Zusammensetzung der Maschine studieren wollte, sondern lediglich deswegen, weil er ein Werkzeug braucht, um sein ganz persönliches Blech zu bearbeiten, ein verbeultes Gebilde, das bereits seine schlichte Form erkennen, ja befürchten läßt.

Im Klartext: Kaum jemand in Benders Sammlung macht von all den tradierten Redeweisen und Gedichtformen Gebrauch – und sei es, indem er sie mißbraucht, hohe Sprache niedrigen Inhalt mitteilen läßt oder – wennschon, dennschon – klassische Form mit jenem zeitgenössischen Wahrnehmungs- und Empfindungsschrott füllt, der sich so unaufhörlich in meist sehr zufälligem freiem Zeilenbruch über die Seiten von Benders Anthologie ergießt. Einzig das Sonett taucht häufiger auf, ansonsten dichtet man wie der erste Mensch, und das, vermute ich, auch noch mit dem besten Gewissen: Unsere conditio poetica sei nun mal die von Neuen Wilden in einer unverständlich und fremd gewordenen Kultur bzw. die von zwergwüchsigen Erben, welche nicht mehr in die weitgeschnittenen prächtigen Kleider der Vorfahren paßten ... Alles Haltungen und Rollen, die – und das sei mit Nachdruck gesagt – zulässig sind, wie alle Künstlerrollen auf dem Kunstspielplatz, solange sie die Produktion von Kunst befördern und steigern. Aber tun sie dies denn noch?

Daß das Dichten und die Gedichte so lange überlebt haben, hat nicht zuletzt mit der unbändigen und nicht zu bändigenden Verwandlungskunst und Verkleidungslust der Dichter zu tun, die im Laufe der Jahrtausende scham- und hemmungslos die disparatesten Masken durchprobiert haben, die des Hirten und die des

Mechanikers, die des Proleten und die des Herrschers, die des Abschaums und die des Gottgesandten. Alles Maskeraden, die, einmal eingeführt, immer wieder und nach Bedarf aus dem Fundus gekramt und anschließend wieder eingemottet worden sind, alles Möglichkeiten, von denen ich nicht zu sagen wüßte, welche mal wieder erprobt und aktualisiert werden sollten – so wie ein Beuys den Künstler-Priester für die Bildende Kunst aktualisiert hat, indem er ihn zum Steinzeit und High-Tech gleicherweise beschwörenden Fantasy-Schamanen stilisierte –, doch so viel glaube ich zu wissen: Es ist an der Zeit, daß unsere Dichter die Masken des Sichdummstellens und des Sichbescheidens ablegen, auch auf die Gefahr der Erkenntnis hin, daß da von Maske in vielen Fällen nicht die Rede sein dürfte, daß also auch gar nichts abgelegt werden kann.

HERR GERNHARDT, WARUM SCHREIBEN SIE GEDICHTE? DAS IST EINE LANGE GESCHICHTE

Die hilfreichste Klammer für mein Dichten und Trachten war über Jahre mit K wie Komik beschriftet. Zu Recht. Nicht, daß alle Produkte nun auch wirklich komisch gewesen wären oder es immer noch sind. Doch ist den frühen und mittleren Gedichten durchaus und fast durchgehend die Absicht anzumerken, komische Wirkungen zu erzielen. Gilt das auch noch für die späteren?

Nein, hörte ich hin und wieder nach Erscheinen des letzten Gedichtbandes, »Körper in Cafés«, und bei einigen dieser Stimmen war ein enttäuschter, ja besorgter Unterton nicht zu überhören: Jetzt geht also auch er den Weg aller alternden Komiker, wird weise, wertvoll und weinerlich – eigentlich schade...

Nein – keine Rechtfertigungen! Auf die nämlich kann verzichten, wer eine These zur Hand hat, die den leidigen Gegensatz Komik–Ernst wenigstens so weit aufzuheben in der Lage ist, daß der ganze Diskurs auf einem ganz anderen Niveau weitergeführt werden kann. Die These aber lautet, daß *alle* Gedichte komisch sind, da das Gedicht die Komik vom ersten Tag an mit der Muttersprache eingesogen hat und bis auf den heutigen Tag von ihr durchtränkt ist, wenn auch manchmal in kaum mehr nachweisbarer Verdünnung bzw. Vergeistigung. Dazu ein paar Erläuterungen und Einschränkungen:

Den Begriff »Gedicht« verwende ich im verbreitetsten und plattesten Sinne: als sprachliche Mitteilung, die sich am Ende reimt. Ich weiß natürlich, daß es auch reimlose Gedichte gibt und andere Reime als den Endreim, doch zumindest in unserem Sprachraum ist er seit gut tausend Jahren das vorherrschende, manchmal sogar alleinherrschende Prinzip, nach welchem sich Worte dergestalt organisieren lassen, daß jeder Erwachsene »Ein Gedicht!« sagt und schon jedes Kind begreift, wie es gemacht wird: »Der Reim entspringt einer Neigung des Menschen, mit seiner Sprache zu spielen; genauer: Worte mit gleichklingenden Bestandteilen zusammenzustellen«, schreibt Karl Martin Schiller in seiner Einleitung des »Steputat« – so nämlich heißt der Verfasser des seit 1891 meistgenutzten deutschen Reimlexikons –, und Schiller fährt fort: »Schon Kinder tun das, wenn sie einander mit ihren Namen necken: Paul, Paul – Lügenmaul!« Das sei zwar »nichts weiter als hübsch gereimter Unsinn – und doch beginnt mit alledem der Reim bereits Mittel dessen zu werden, was wir Dichtung nennen«. So weit, so richtig – doch gilt das auch noch für Schillers Folgerung: »Ein magischer Vorgang im Rahmen der Sprache vollzieht sich, wenn wir reimen« –? Müßte es nicht heißen: »windiger Vorgang«?

Solange das Gedicht nur hübschen Unsinn mitteilt, ist es noch ganz und gar ehrlich. Die Worte Denker, Henker, Lenker und Schenker beispielsweise eint nichts als der Reim und die Tatsache, daß sie in dieser Reihenfolge im »Steputat« stehen; und solcher Beliebigkeit müßte eigentlich auch das Werk Rechnung tragen, das sich ihr verdankt:

Ein Denker
traf mal einen Henker
und sagte: Gib mir deinen Lenker,
dann bist du ein prima Schenker

– so oder ähnlich unschuldig würde wahrscheinlich das aufgeweckte Kind reimen und sich des offenkundigen Unsinns oder des zutage geförderten Nichtsinns freuen. Nicht so der Erwachsene in seinem unstillbaren Sinnbedarf und Sinnbedürfnis:

Einst Land der Dichter und der Denker,
Dann Land der Richter und der Henker,
Heut' Land der Schlichter und der Lenker –:
Wann Land der Lichter? Wann der Schenker?

Kein gutes Gedicht, zugegeben, aber doch eines, das sich nicht sogleich und so einfach als Unsinn begreifen, belachen und abtun läßt. Allzu zwingend suggerieren Endreim, Binnenreim, Anfangsreim (Dann – Wann) und Stabreim (Land der Lichter), daß in diesen vier Zeilen irgend etwas zusammengewachsen ist, das irgendwie zutiefst zueinandergehört. Und wenn der Bankert der Vereinigung von Reimlexikon und Alphabet dann noch auf den Namen »Mein Land« getauft würde oder »Fragen an mein Land« oder gar »Denk ich an ...« – so müßte der Leser schon sehr gewitzt oder äußerst dickfellig sein, um den Vierzeiler als ganz und gar sinnlos zu entlarven bzw. zu empfinden: Mach einer was gegen die Dichter.

»Wer schreibt, bleibt. Wer spricht, nicht« – nicht gerade ein richtiges Gedicht, doch ein weiteres gutes Beispiel dafür, mit welch simplen rhetorischen Reimtricks sich selbst relativ wache Köpfe einlullen lassen. Beispielsweise meiner. Jahrelang hatte ich diesen Merksatz immer dann mit viel Erfolg ins Feld geführt, wenn es galt, mein Dichtertum gegenüber anderen Tätigkeiten herauszustreichen und zu erhöhen, da plötzlich wagte jemand Einwände: Von vielen der weltweit berühmtesten Menschen sei doch keine einzige geschriebene Zeile überliefert, nicht von Homer und nicht von Sokrates, nicht von Jesus und nicht von Dschingis Khan, nicht von Nofretete und nicht von Johanna von Orleans – und plötzlich war er gebrochen: der Reimzauber, welcher bis dahin so zuverlässig gewirkt hatte.

»Was bleibet aber, stiften die Dichter« – wirklich? Ist es nicht vielmehr die Sprache selber, die das Dichterwort schamlos gängelt, indem sie hier Zusammenhänge verwehrt, dort in geradezu unsinniger Menge stiftet? 129 Reimwörter führt der »Steputat« für die eigene Endsilbe »–at« an, von »Achat, Advokat, Aggregat« über »Rat (Titel), Rat (Hinweis), Rat (Körperschaft)« bis hin zu »ich lad, ich schad, ich verrat«. Dementsprechend breit kann der Dichter nichtsnutzige Vorgänge wie den folgenden ausmalen: »Der Advokat aß grad Salat, als ihm ein Schrat die Saat zertrat.« Nichts aber fiele dem gleichen Reimer ein, äße da nicht ein windiger Rechtsverdreher, sondern ein schlichter, dabei aber doch so unendlich viel wichtigerer »Mensch« seinen – ja, was eigentlich? Bekanntlich wissen weder der »Steputat« noch die deutsche Sprache einen Reim auf Mensch, und selbst ein so gewitzter Wortsucher wie Peter Rühmkorf wurde erst im Plural fündig:

Die schönsten Verse der Menschen
– Nun finden Sie schon einen Reim! –
Sind die Gottfried Bennschen:
Hirn, lernäischer Leim.

Das Dichten gilt als Kunst, und ich bin der letzte, der da widerspräche. Nur besteht die Kunst des Dichters nicht darin, seine Empfindungen oder Gedanken in Reime zu kleiden, sondern in seiner Fähigkeit, Sätze, Worte und Reimwörter so zu arrangieren, daß sie Gedanken oder Empfindungen suggerieren, im Glücksfall sogar produzieren. Als Meister aber erweist der sich, der uns vergessen läßt, daß da überhaupt gereimt wird. Das kann beim Lesen, häufiger noch beim Hören der Gedichte von, beispielsweise, Goethe, Mörike oder Brecht geschehen, und bezaubert fragen wir nicht lange, wieso uns das Mitgeteilte eigentlich dermaßen einleuchtet: Wir wollen ja auch nicht wissen, was die Kugeln wiegen und wieso sie dem Jongleur nicht runterfallen, sondern uns der schönen Täuschung hingeben, daß die Schwerkraft augenscheinlich doch zu überlisten oder gar ganz außer Kraft zu setzen ist.

Wo ein Vorhaben gelingen soll, kann es auch scheitern. Immer wieder unterlaufen selbst erfahrenen Dichtern Gedichte, in welchen die zutiefst komische Qualität aller vom Reim gelenkten Sinn- und Beziehungsstiftung bloßgelegt wird: Wenn ein formstrenger Dichter wie August Wilhelm von Platen sich und der Sprache den Kraftakt zumutet, acht plausible Reime auf »Wunde nichts« zu finden, ohne daß das Gedicht in blanke Beliebigkeit oder puren Nichtsinn abrutscht –:

Es liegt an eines Menschen Schmerz,
an eines Menschen Wunde nichts,
Es kehrt an das, was Kranke quält,
sich ewig der Gesunde nichts;

– dann kann der Leser das angestrengte Ergebnis ehrfürchtig bestaunen; er mag einwenden, daß man sich nicht »nichts« an etwas kehren kann, sondern lediglich »nicht«; er darf das Mißverhältnis von Aufwand und Ertrag jedoch auch innig belächeln:

Und wer sich willig nicht ergibt
dem ehrnen Lose, das ihm dräut,
Der zürnt ins Grab sich rettungslos
und fühlt in dessen Schlunde nichts;

– als ob es so schrecklich erstrebenswert wäre, auch noch als Toter und noch im Grabe etwas zu fühlen.

Lächeln, ja lachen darf der Leser jedoch auch dann, wenn Clemens Brentano den Reim nicht wie Platen in die Zucht des Gedankens nimmt, sondern im Gegenteil dermaßen die Zügel schleifen läßt, daß sein Gedicht jedweden Sinn in Grund und Boden reimt:

Wenn der lahme Weber träumt, er webe,
Träumt die kranke Lerche auch, sie schwebe,

– und wenn das so ist, dann folgt daraus natürlich auch:

Träumt das blinde Huhn, es zähl die Kerne,
Und der drei je zählte kaum, die Sterne,

– und nach der achten Zeile schließlich glaubt uns der Dichter reif für die nun völlig rätselhaften, dafür zur Sicherheit gleich durch dreifachen Reim verklammerten Zeilen:

Träumt die taube Nüchternheit, sie lausche,
Wie der Traube Schüchternheit berausche;

– ein Gedicht, das in keiner Anthologie deutscher Unsinnsdichtung fehlen dürfte, von den zuständigen Stellen jedoch hartnäckig dem literarischen Tiefsinn zugerechnet und dementsprechend interpretiert, hofiert und glorifiziert wird.

Um Komik und Ernst war es zu Beginn dieser Überlegungen gegangen, einigermaßen folgerichtig sind wir bei den Grenzen gelandet, die Sinn und Unsinn scheiden, derart undeutlichen Markierungen, daß auch der gewitzteste Kartograph nicht weiterhelfen kann: Immer wieder nämlich finden sich Gedichte, die keinem der Bereiche eindeutig zuzuordnen sind; Gebilde, in welchen der Sinn langsam, fast unmerklich in Nichtsinn oder Unsinn übergeht. In anderen aber kippt er urplötzlich, und das gerade dann, wenn der Dichter ein Übermaß an Sinn produzieren, suggerieren oder schlicht ergaunern wollte, siehe Platens »Wunde nichts«-Variationen, aber auch mein Gedicht »Deutung eines allegorischen Gemäldes« –: alles Sinn-Implosionen, die teils unfreiwillig, teils beabsichtigt Komik freisetzen:

Deutung eines allegorischen Gemäldes

Fünf Männer seh ich
inhaltsschwer –
wer sind die fünf?
Wofür steht wer?

Des ersten Wams strahlt
blutigrot –
das ist der Tod
das ist der Tod

Der zweite hält die
Geißel fest –
das ist die Pest
das ist die Pest

Der dritte sitzt
in grauem Kleid –
das ist das Leid
das ist das Leid

Des vierten Schild trieft
giftignaß –
das ist der Haß
das ist der Haß

Der fünfte bringt stumm
Wein herein –
das wird der
Weinreinbringer sein.

Niemand hantiert gern ungesichert mit kritischen Massen, niemand ist gerne ungeschützt jener Kritik und Lächerlichkeit ausgesetzt, die bei jedermann erkennbaren Stör- und Unglücksfällen sich zuverlässig einstellt – kein Wunder, daß die Ernst-Dichter im Laufe dieses

Jahrhunderts immer entschlossener immer mehr Regelsysteme über Bord warfen, nicht nur den Reim, auch den Vers, das Metrum, den Takt und den Rhythmus. Als ich zu dichten begann, Anfang der 60er, war *das* Gedicht eine relativ kurze reimlose Mitteilung, die aus meist unerfindlichen Gründen nicht in durchlaufenden, sondern vielfach zerstückelten Zeilen abgesetzt wurde, von Leerzeilen unterbrochen und auf möglichst viel umgebendem Weiß, ganz so, wie es bereits Lewis Carroll in »Poeta fit, non nascitur« dem Dichter geraten hatte:

Wir schreiben eine Zeile
Dann hacken wir sie klein
Dann würfeln wir die Teile
In bunt gemischte Reih'n
Der Wörter Reihenfolge muß
Nicht unsre Sorge sein.

Da nun konnte nichts so richtig schiefgehen, aber auch nichts so recht gelingen. Künstler, die Regeln verwerfen, gleichen Jongleuren, die sich von ihren Kugeln befreien: Kein Dichter mußte fortan mehr befürchten, an der Regel gemessen oder von ihr gefressen zu werden, doch bezahlte er diese Sicherheit mit dem Verzicht auf jene glorreichen Augenblicke, in welchen Regeln nicht an dem zuschanden werden, der sie auftrumpfend zerbricht, sondern an dem, der sie lachhaft mühelos meistert.

Reim oder Nichtreim – für mich war das schon damals keine Frage. Ich brauchte die Regel, solange ich eindeutig auf Komik oder Nonsens aus war – Komik lebt von der Regelverletzung, und Nonsens ist nicht etwa jener hausbackene Unsinn, der ungeregelt in launigen Lautgedichten, krausen Collagen und absurden Verbalautomatismen wuchert, sondern konsequent, also regelmäßig, verweigerter Sinn –, und ich liebe die Regel nach wie vor, weil sie beides ist, Widerstand und Wegweiser: Da geht's lang, nicht aufgeben, hier mußt du durch.

Sich heute noch ernsthaft auf das uralte Reim- und Regelspiel einzulassen, ist, meine ich, schon mal per se komisch. Einfach war es nie, doch in Jahrhunderten gebundener Dichtung hat sich sein Schwierigkeitsgrad erheblich gesteigert. Daraus haben Verzagte wie Arno Holz gefolgert, daß nichts mehr gehe: »Der Erste, der – vor Jahrhunderten! – auf Sonne Wonne reimte, auf Herz Schmerz und auf Brust Lust, war ein Genie; der Tausendste, vorausgesetzt, daß die Folge ihn nicht bereits genierte, ein Kretin.«

Falsch, ganz falsch: Der Erste, der Herz auf Schmerz reimte, war ein braver Mann; der Einmillionste aber, dem es gelingt, die beiden Begriffe einleuchtend, einschmeichelnd oder auch nur eingängig zu paaren, ist ein Genie, zumindest aber ein hochachtbarer Artist.

DREIERPACK

Interpretationen

I.

Johann Wolfgang von Goethe

Wonne der Wehmut

Trocknet nicht, trocknet nicht,
Tränen der heiligen Liebe!
Ach, den halbtrocknen Augen schon
Wie öde, tot ist die Welt!
Trocknet nicht, trocknet nicht,
Tränen der ewigen Liebe!

Als Goethe diesen Sechszeiler schrieb, 1775, befand sich der Mittzwanziger – vermutlich nichtsahnend – in jener Phase seines Dichtens, die Germanisten später als die »Lili-Lyrik« klassifizieren und sorgsam von den früheren »Friederike-Gedichten« und der späteren »Lida-Lyrik« trennen sollten.

Sechs Zeilen, die kaum der nachsinnenden Interpretation bedürfen – klar wie eine Zauberformel und deutlich wie ein Gebet bannt, klagt und fordert dieses Liebesgedicht. Freilich: Nicht um erfüllte Liebe geht es, sondern um ewige, also einseitige.

So selbstgenügsam, ja selbstherrlich ist dieser Liebende, daß er kein einziges Wort an die Geliebte richtet, sondern ausschließlich die eigene Liebe beschwört, sein eigenes allumfassendes Ergriffensein, dank dessen er die Welt als unaufhörlich beredt und unendlich bedeutsam erlebt – doch halt! All das steht ja bereits im Gedicht, schöner kann man es nicht sagen, seltsamerweise aber hat es Goethe selber, vierzehn Jahre später, weniger schön gesagt.

1789, in den bei Goeschen verlegten »Goethes Schriften«, wurde »Wonne der Wehmut« erstmals veröffentlicht, und dort lauten die Zeilen deutlich anders als in der zitierten, auf eine frühe Abschrift Herders zurückgehenden Fassung:

Trocknet nicht, trocknet nicht,
Tränen der ewigen Liebe!
Ach, nur dem halbgetrockneten Auge
Wie öde, wie tot die Welt ihm erscheint!
Trocknet nicht, trocknet nicht,
Tränen unglücklicher Liebe!

Sechs Zeilen, die ich nicht ohne Wehmut lese. Das hochgemute »heilig« gestrichen und durch das erst am Ende als Ausblick und Verheißung so recht funktionierende »ewig« ersetzt! Das »halbtrockne« Auge zum »halbgetrockneten« gemacht, zur unschönen Vorstufe eines noch befremdlicheren »ganzgetrockneten«. Die »ewige« Liebe schließlich zur »unglücklichen« vergröbert, wodurch das Gedicht seine ursprüngliche Zweideutigkeit verliert: so unglücklich war der ja gar nicht gewesen, der da die Lust der Pein gefeiert, ja erfleht hatte – aber genug!

Gedichte sind keine Regierungserklärungen, und der vierzigjährige Goethe hatte vom Lieben eben derart eindeutige Vorstellungen, daß er dem Zwanzigjährigen nicht nur ins Wort, sondern geradezu in den Rücken fiel: »Liebespein verschmäht mein Herz, / Sanften Jammer, süßen Schmerz« – so beginnt sein Gedicht »Frech und froh«, 1788 geschrieben, und so endet es: »Mädchen, gib der frischen Brust / Nichts von Pein und alle Lust.«

II.

Ludwig Rubiner
Friedrich Eisenlohr
Livingstone Hahn
Gold

Fred wird in einem braunen Tabakballen
Vom Hafen auf die Zollstation getragen.
Dort schläft er, bis die Schiffsuhr zwölf geschlagen.
Erwacht und schleicht sich in die Lagerhallen.

Am Gold-Depot, wo trunkne Wächter lallen,
Läßt er den kleinen Mörtelfresser nagen,
Bis wie beim Kartenhaus die Mauern fallen.
Dann lädt er Gold in einen Grünkohlwagen.

Als Bauer fährt er sächselnd durch den Zoll.
Doch dort verraten ihn zwei blanke Barren.
Berittne jagen den Gemüsekarren.

Fred sinnt verwirrt, wie er sich retten soll.
Da sitzt Der Freund in hoher Eberesche
Und schießt ihm pfeiferauchend eine Bresche.

Ein ungewöhnliches Gedicht, und das gleich in dreifacher Hinsicht: Gewöhnlich hat ein Gedicht einen Verfasser, dieses hat drei. Gewöhnlich handelt ein Gedicht nicht vom Verbrechen, dieses wird von seinen Verfassern als »Kriminalsonett« bezeichnet. Gewöhnlich ist ein Gedicht ernst, dieses ist komisch.

»Kriminalsonette« – so hieß der schmale Gedichtband, den der Verlag Kurt Wolff im Jahre 1913 herausbrachte, vermutlich kurz nach deren Abfassung, da die drei Dichter der gegenseitigen Widmung der Verse noch eine Orts- und Zeitangabe hinzugefügt haben: »Paris, im Frühjahr 1913«.

Ein Ort, den wir uns merken wollen, doch zunächst ein Wort zu den Autoren Rubiner, Eisenlohr und Hahn. Sie waren Jugendfreunde und, als sie die »Kriminalsonette« verfaßten, noch leidlich junge Menschen, einzig Rubiner hatte die Dreißig überschritten. Er ist bis auf den heutigen Tag der Bekannteste der drei geblieben, wenigstens unter Kennern, die bereits über Eisenlohr wenig und über Hahn so gut wie nichts zu sagen wissen – der scheint nie wieder zur Feder gegriffen zu haben, die Spur des Kaufmanns (?) verliert sich in Spanien (?).

Kein Wunder, daß dem Dichter Rubiner das Hauptverdienst an den »Kriminalsonetten« zugesprochen wird, doch ob das nun zutrifft und wie die Gedichte denn nun wirklich entstanden sind, ob die drei einander lediglich zu einzelnen Sonetten angeregt oder wirklich zu dritt an einem Sonett gearbeitet haben – das alles ist nicht mehr feststellbar, zumal auch die Verfasser nur dunkle Angaben machen, etwa in dem letzten, »Das Ende« überschriebenen Sonett: »Man sieht drei Männer sich zusammenrotten/ Die Feder wühlt in ungeheuren Dingen.«

Das tat sie in der Tat. FRED und DER FREUND

sind zwei Kriminelle *par excellence*, Meister der Maske und weltweit gefürchtet. Immer wieder glaubt Detektiv GREIF ihrer habhaft zu werden, immer wieder entkommen die beiden, entweder um neue Schandtaten zu begehen – »Schon barg DER FREUND im Beinkleid den Giorgione« – oder um nach mißglückter Tat wenigstens dem Laster zu frönen: »Zum Trost führt Fred den Freund in kleine Bars.«

»Auf steilen Dächern rennt ein Herr im Frack« – so beginnt das erste der Kriminalsonette. »Dem Bürger fliegt vom spitzen Kopf der Hut« – so hatte Jakob van Hoddis sein Gedicht »Weltende« begonnen. Der Gleichklang der fünfhebigen Zeilen ist unüberhörbar, unübersehbar auch, mit welch bewegten Bildern die Katastrophen in beiden Gedichten anheben – kein Zweifel, das berühmte Gedicht von 1911 war einer der beiden Paten der »Kriminalsonette«. Der andere ist gleichaltrig, jedoch französischer Herkunft. Er heißt »Fantomas«, ein Serienheld und Meisterverbrecher, stets verfolgt und nie gestellt von Detektiv Juve, dafür heißgeliebt von Leuten wie Apollinaire, der 1914 schrieb: »Die Lektüre von Fantomas ist in vielen Künstlerkreisen in Mode.«

Daß es nicht beim Lesen blieb, beweisen die »Kriminalsonette«; daß sie mehr sind als ein Jux für Eingeweihte, ist das Verdienst der drei Verfasser, die gleich drei Grundbedürfnisse des Lesers befriedigen, das nach *crime*, das nach Reim und das nach einer Komik, die keiner Pointe hinterherzujagen braucht, sich vielmehr zwanglos von Zeile zu Zeile entfaltet, bis hin zu so krönenden Blüten wie einer Bresche, die naturgemäß von einer Esche aus geschossen wird.

III.

ROBERT GERNHARDT

Schön, schöner, am schönsten

Schön ist es,
Champagner bis zum Anschlag zu trinken
und dabei den süßen Mädels zuzuwinken:
Das ist schön.

Schöner ist es,
andere Menschen davor zu bewahren,
allzusehr auf weltliche Werte abzufahren:
Das ist schöner.

Noch schöner ist es,
speziell der Jugend aller Rassen
eine Ahnung von geistigen Gütern zukommen zu
lassen:
Das ist noch schöner.

Am schönsten ist es,
mit so geretteten süßen Geschöpfen
einige gute Flaschen Schampus zu köpfen:
Das ist am allerschönsten.

Dieses Gedicht habe ich in Rom geschrieben, im Verlauf eines Tages, des 22. April 1986, und seine Entstehung ist ein schönes Beispiel für die ebenso alte wie hartnäckige Behauptung, daß die erste Zeile eines Gedichts ein Geschenk der Götter sei, der Rest aber vom Dichter erarbeitet werden müsse.

Ich bekam sogar gleich einen ganzen Vers geschenkt, den ersten: er überkam mich, als ich des Morgens Frühsport machte, allein auf einer harten Matte; weit und breit kein Champagner, kein süßes Mädel und schon gar kein Grund, irgend jemandem zuzuwinken. Die Zeilen gingen mir beim Liegestütz durch den Kopf, ich mußte lachen und schrieb sie sogleich in ein Notizheft, das ich immer bei mir trug oder nahe genug aufbewahrte, um unverzüglich etwas notieren zu können. In diesen römischen Tagen nämlich dichtete ich ziemlich viel – am Ende waren es sechzig Gedichte in drei Monaten, also eine durchschnittliche Herstellungszeit von $1^1/_2$ Tagen pro Gedicht –, und außerdem hatte mich die Erfahrung gelehrt, daß der Mensch nichts rascher vergißt als seine Träume und ersten Gedichtzeilen.

Als ich sie niederschrieb, wußte ich lediglich, daß nun Arbeit auf mich wartete. Was ich noch nicht so recht wußte, war, in welche Richtung sich das Gedicht weiterentwickeln würde. Wenn ich es heute vor Publikum vortrage, gibt es am Ende regelmäßig Gelächter – daraus schließe ich, daß das Gedicht mit einer Pointe endet. Damals ahnte ich dieses mögliche Ende nur sehr nebelhaft, ich nahm nach dem ersten Vers lediglich Witterung auf und setzte meinen Kunstverstand und meinen Pointeninstinkt in Bewegung.

Wenn ich heute in das Notizheft schaue, stelle ich fest, daß ich mich an diesem Tag schön zielstrebig weiterbewegt habe: Da gibt es kaum Korrekturen und schon gar keine Abschweifungen.

Ich lief tagsüber durch die Stadt wie ein gewöhnlicher Tourist; wie ein richtiger Dichter aber bewegte ich die ersten Worte so lange in meinem Kopf, bis ich irgendwo auf hellichter Straße einen zweiten Vers notieren konnte, sodann den dritten und schließlich, abends auf einer Tiberbrücke, den vierten.

Der wichtigste Schritt war zweifellos der vom ersten zum zweiten Vers. Mit der Steigerung »Schön, schöner« waren die Weichen gestellt zu: »noch schöner« und »am schönsten«. Eine keineswegs zwangsläufige Weichenstellung! Das Gedicht hätte ja auch anders, flusiger weitergehen können, zum Beispiel mit einer Reihe von Versen zu weiteren positiven Eigenschaftswörtern wie klug oder gut oder stark –: »Klug ist es, wertvolle Bücher zu lesen / und nicht dauernd auf dem Moped rumzupesen – das ist klug.« Noch klüger freilich war es von mir, solche Möglichkeiten gar nicht erst zu erwägen.

Es gibt Gelächter am Ende des Gedichts, sagte ich, den ersten drei Versen aber lauscht das Publikum in der Regel mit einer gewissen Gespanntheit. Völlig zu Recht – die gleiche Spannung hatte ja auch mich zum Weiterschreiben veranlaßt: Worauf läuft das alles hinaus? Freilich: Deswegen allein hätte ich wahrscheinlich nicht so hartnäckig weitergesucht. Was mich bereits bei dem ersten Vers hatte lachen lassen, versuchte ich fortzuführen und zu steigern: Die Mischung von Hoch- und Niedersprache und die Vermischung von hehren Inhalten und schnödem Jargon.

Wer weltliche Werte gefährlich und geistige Güter erstrebenswert findet, wird im wirklichen Leben nicht Worte in den Mund nehmen wie »abfahren« oder »eine Ahnung zukommen lassen« – tut er es dennoch, gerät der Anlaß dieses hohen Sprechens ziemlich ins Wakkeln. Wo was wackelt, kann natürlich auch was fallen und wo was fällt, gibt es häufig was zu lachen. Fallhöhe lautet denn auch ein Begriff aus der Komiktheorie, und Witzforschungen legen nahe, daß ein Witz um so stärker wirkt, je tiefer da jemand plumpst.

Und fallen tut er ja auch, der Sprecher, der da in meinem Gedicht das große Wort führt, die hohen Werte bemüht und am Ende unverfroren zu erkennen gibt, daß es ihm im Grunde seines schwarzen Herzens lediglich darum geht, seine finsteren Ziele derart zu bemänteln, daß er beides haben kann: Ein gutes Gewissen *und* das süße Leben.

So etwas aber nennt man Heuchelei, und die ist vorzugsweise da zu finden, wo die Zeigefinger gereckt werden. Sei es von Berufs wegen, von Politikern, Geistlichen, Vorgesetzten oder Lehrern; oder weil sich da einer berufen fühlt: zum Guru, zum Führer, zum Propheten oder zum weisen Erzieher der Menschen und uneigennützigen Freund der Jugend.

DARF MAN DICHTER VERBESSERN?

Eine Annäherung in drei Schritten

»Die einzig richtige Art, ein Gedicht zu lesen, gibt es nicht.« *Andreas Thalmayr*

Manchmal kommen Bücher wie gerufen. Als ob da ein zartes »Nimm und lies« dich drängte, schlägst du das in diesem Augenblick einzig richtige Buch just an der dich betreffenden Stelle auf und liest aber auch haarscharf jene Worte, die dich zur Umkehr mahnen oder zum Weiterschreiten ermutigen, auf jeden Fall zur Bewegung drängen. So erging es auch mir, als ich mich anschickte, meine bis dahin noch recht ungeordneten Gedanken zum Thema der Verbesserbarkeit von Gedichten – fremden natürlich, nicht den eigenen – zu sammeln. Zwar gab es bereits Funde, die eigentlich zu schön oder zu bedenkenswert waren, um sie nicht anderen Freunden der »unmittelbaren Gestaltung innerseelischer Vorgänge im Dichter« (Gero von Wilpert) mitzuteilen, zwar hatte ich schon versucht, meine Frage ausgesuchten Interessierten nahezubringen, indem ich den Mitgliedern der »Kanalrunde«, eines semiklandestinen Wochenendseminars der HVH Rendsburg, zehn ausgesuchte Gedichte angesehener Dichter zum Zwecke der Kritik bzw. Korrektur vorlegte – doch nun, da solch spielerischer Umgang mit künstlerischen Hervorbringungen anderer in eigene Reflexion und Organisation des disparaten Materials umzukippen drohte, hielt ich inne, und das nicht nur aus Arbeitsscheu.

War nicht dem ganzen Unternehmen unauslöschlich das Kainsmal der Oberlehrerhaftigkeit auf die Stirn geschrieben? Würde nicht den, der es dennoch wagte, unfehlbar das Stigma des Beckmessers ereilen und für immer brandmarken? Lohnte *das* die klammheimliche Freude des Mängelnachweises und die offenkundige Mühe der Mängelbehebung? So dachte ich und schwankte in der Zerrissenheit meines Verstandes. Und sieh, da höre ich vom Nachbarhause her in singendem Tonfall, ich weiß nicht, ob eines Knaben oder eines Mädchens Stimme, die immer wieder sagt – aber das hatten wir bereits, und anders als Kirchenvater Augustin griff ich auch nicht zur Bibel, sondern zu der Essay-Sammlung »Dreizehn deutsche Dichter« des deutschen Dichters Peter Rühmkorf, öffnete sie auf Seite 59 und las: »Daß die Parodie im Gegensatz zu der schlechten Meinung von ihr keine Knochenmühle, sondern eher ein wundertätiger Jungbrunnen ist, möchte ich nicht nur als Behauptung stehenlassen. In seinem berühmten und seit seinem Erscheinungsjahr 1863 unzählige Male nachgedruckten Winterstück ›Vereinsamt‹ schreibt Friedrich Nietzsche: *Die Krähen schrein – Und ziehen schwirren Flugs zur Stadt: / – Bald wird es schnein, / Weh dem, der keine Heimat hat*, was natürlich mächtig zu Herzen geht. Zum anderen erinnere ich mich außer an meine eigene Begeisterung für das Gedicht fast noch lebhafter an eine ornithologische Mängelrüge meines Philosophielehrers Günter Ralfs, der auch ein exzellenter Vogelkundler war: *Wer jemals Krähen beim Flug beobachtet hat, der weiß, daß sie im Gegensatz zu Kolibris nicht schwirren, sondern schaufeln.* Das ist für blinde Liebhaber eine etwas ernüchternde Einlassung.

Sie unterstellt, daß auch in sogenannten Meisterwerken nichts derart hochgehängt ist, daß es der Nachfrage schon von sich aus enthoben sei ... Bedenklicher als die Gefahr, ein paar ohnehin lose Federn lassen zu müssen, scheint mir nämlich das bedauerliche Los von unzähligen schönen alten Gedichten, in stiller Vergessenheit zu verschimmeln, und wichtiger noch als das künstlerische Grundrecht auf Einmischung der Anspruch auf kritische Vergegenwärtigung.«

Grundrecht und Anspruch – es waren diese Worte, die mich dazu ermutigten, weitere Schritte auf eingestandenermaßen schlüpfrigem Boden zu wagen: Lieber die kritische Vergegenwärtigung von Gedichten übertreiben, als durch Schweigen über so viele Ungereimtheiten mitschuldig werden an der verstörenden Friedhofsruhe, in welcher die ganze Gattung zur Zeit dahindämmert.

1. MAN KANN GEDICHTE VERSCHLECHTERN

Der Dichter verdichtet, sagte mein Deutschlehrer, der Oberstudienrat Kraus, gerne und gab damit jenem frommen Glauben Ausdruck, daß da der, dem das zu Sagende zu sagen aufgetragen, so lange die Worte wäge und prüfe, bis er das einzig und allein stimmige gefunden und in seine nun aber ganz und gar unabänderliche und für alle Zeiten gültige Aussage eingebunden habe. Ein Glaube, den niemand anderes aufgebracht hat als die Dichter selber. Zu allen Zeiten nämlich war ihnen daran gelegen, ihre, von außen gesehen, etwas windige, zumindest nicht allzu zeitraubend und anstrengend wirkende Tätigkeit dadurch vor Auftraggebern, werktätigen Mitbürgern und Ehefrauen zu adeln, daß sie sich zugleich zu Opfern und Tätern stilisierten, zu Sprachrohren der Götter ebenso wie zu Arbeitern im Steinbruch der Sprache, zu Ingenieuren der Seele gar, die kühl bis ans Herz hinan die Worte, Laute und Takte so reihen, daß dem Zuhörenden oder Lesenden mal weh, mal froh ums Herz wird, ohne daß er doch weiß, wie ihm geschieht – alles nachzulesen in Werkstattprotokollen wie Edgar Allan Poes Bericht von der Fertigung seines Gedichtes »The Raven«.

Dieser Selbststilisierung der Dichter widerspricht ihr häufig erstaunlich laxer Umgang mit den Produkten ihrer Einbildungskraft. Der reife Goethe fand nichts dabei, seine stürmischen und drangvollen Jugendgedichte aus den 70ern für die 1789 verlegte Ausgabe von »Goethes Gedichten« derart besänftigend, ja betulich zu redigieren, daß der Verehrer des Dichters Goethe all jenen Dank schuldet, die dessen frühe Gedichte vor dem Lektor Goethe dadurch retteten, daß sie – im Gegensatz zu ihm – Urschriften oder Abschriften aufbewahrten:

Töne, Schwager, dein Horn,
Raßle den schallenden Trab,
Daß der Orkus vernehme, ein Fürst kommt,
Drunten von ihren Sitzen
Sich die Gewaltigen lüften.

Derart großartig und hochfahrend hatte der junge Goethe seine Ankunft in der Unterwelt in Worte gefaßt. Fünfzehn Jahre später, in der Zweitfassung von »An Schwager Kronos«, liest sich der Schluß des Gedichtes so:

Töne, Schwager, ins Horn,
Raßle den schallenden Trab,
Daß der Orkus vernehme: wir kommen,
Daß gleich an der Türe
Der Wirt uns freundlich empfange.

– ein Genrebildchen, dessen auch sprachliche Harmlosigkeit sich beredt wider den wendet, der einst als junger Fürst in die Totenwelt herniederfuhr und nun als behäbiger Tourist im Krug zum goldenen Orkus oder wo zum Jausen einkehrt oder was.

Ich ereifere mich, ich weiß, aber Unruhe ist nun mal die erste Leserpflicht: Wer sich nicht aufzuregen vermag, der kann sich auch nicht begeistern – und weshalb dann überhaupt lesen?

Bewegt schreibt Franz Fühmann über Georg Trakl, hin- und hergerissen zwischen Erschütterung und Befremden. Jahrzehntelang hat den Kommunisten das Werk des offiziell verpönten Décadent begleitet und beschäftigt, 1982 veröffentlicht er ein Buch über diese »Erfahrungen mit Dichtung«: »Der Sturz des Engels«. Da zitiert er Trakl:

Der Sohn des Pan erscheint in Gestalt eines Erdarbeiters, / Der den Mittag am glühenden Asphalt verschläft

– und er begeistert sich: »Heute ist uns dieser Vers über alles teuer, und wir begreifen schwer, daß wir ihn so lange nicht erkannten, ja daß wir eigentlich mit einer Art beschwerten Gewissens um ihn herumgelesen haben: Endlich die Gestalt eines Arbeiters bei Trakl, und der liegt am hellen Tag da und schläft!«

Ein Sachverhalt, den ein Bauunternehmer vermutlich weniger enthusiastisch zur Kenntnis genommen hätte, Zeilen, die ich lediglich deswegen zitiere, weil sie den Auftakt zu einem weiteren schönen Beispiel dafür bieten, wie unbedacht, ja verantwortungslos die Dichter mit ihren Eingebungen umzugehen imstande sind: »Diese Verschmelzung von Arbeiter, Traum und Märchen kehrt nun in einer Zeile wieder, die unser Erinnern erschütterte: *O Märchen in Fabriken grau versperrt!* – Diese Zeile steht in der ersten Fassung eines von Trakl dann wie so oft aufgespellten Gedichts ›Unterwegs‹.«

Ein Duft von Myrrhen, der im Zwielicht irrt.
Im Qualm versinken Plätze rot und wüst.
Bazare kreisen und ein Goldstrahl fließt
In alte Läden seltsam und verwirrt.

Im Spülicht glüht Verfallnes; und der Wind
Ruft dumpf die Qual verbrannter Gärten wach.
Beseßne jagen goldnen Träumen nach.
An Fenstern ruhn Dryaden schlank und lind.

Traumsüchtige wandeln, die ein Wunsch verzehrt.
Arbeiter strömen schimmernd durch das Tor.
Stahltürme glühn am Himmelsrand empor.
O Märchen in Fabriken grau versperrt!

Im Finstern trippelt puppenhaft ein Greis
Und lüstern lacht ein Klimperklang von Geld.

Ein Heiligenschein auf jene Kleine fällt,
Die vorm Kaffeehaus wartet, sanft und weiß.
[...]
Quartiere dräun voll Elend und Gestank.
Violenfarben und Akkorde ziehn
Vor Hungrigen an Kellerlöchern hin.
Ein süßes Kind sitzt tot auf einer Bank.

Ein Gedicht, das ich erst durch Fühmann kennengelernt habe, Verse so rot und wüst wie die im Qualm versinkenden Plätze, doch bei dem alles durchdringenden unguten Glühen und der andauernden unsteten Bewegung bleibt es leider nicht: »In der zweiten Fassung jenes ›Unterwegs‹ ist das Märchen schon getilgt, denn aus der dritten Strophe wurde:

Ein Knabenlächeln, das ein Wunsch verzehrt.
Verschlossen starrt ein altes Kirchentor,
Sonaten lauscht ein wohlgeneigtes Ohr;
Ein Reiter trabt vorbei auf weißem Pferd.

Die Traumsüchtigen sind in die Gestalt des Knaben zusammengeschmolzen, das offene Tor der Werkhallen schließt sich als altes Kirchentor, kein schimmernder Zug mehr, kein Morgenrot, als das ein technischer Fortschritt aufglühte, und die Aussperrung der Märchen ist für den Preis eines schwachen und klischeehaften Bildes erkauft: das den Sonaten wohlgeneigte Ohr, der Reiter auf weißem Pferd. Damit ist auch die Einheit getilgt und die Strophe zerfällt in vier Einzelzeilen.«

Eine in ihrer Harschheit berechtigte Kritik, auch

wenn ich anders als Fühmann nicht so sehr den gestrichenen Arbeitern nachtrauere und schon gar nicht dem angeblich verschwundenen »Morgenrot« – die ganze wüste Szenerie ist natürlich in rotgoldenes Abendlicht getaucht. Unverzeihlich scheint mir auch weniger das Klischeehafte der neuen Strophe als der brüske und völlig unnötige Licht-, Bewegungs- und Stimmungswechsel, den sie verursacht: War der Schauplatz bisher grelles, geiles, unstetes und rotstichiges Massen- und Armenquartier gewesen, so befinden wir uns nun unversehens in großbürgerlich-kühler Wohngegend, deren Bewohner gemessen kulturellen bzw. sportlichen Freizeitbeschäftigungen obliegen. Man »trabt« – und zuvor war die Rede gewesen von »irren«, »versinken«, »kreisen«, »rufen«, »jagen« und »strömen« –: Unmöglich, nach diesem bremsenden Einschub noch einmal so viel Bewegung zu entwickeln, daß die reichlich unbedenkliche Schlußzeile »Ein süßes Kind sitzt tot auf einer Bank« nicht als routiniert-makabre Pointe gelesen, sondern als zwangsläufiger Ruhe- und Schlußpunkt all des bewegenden Elends begriffen wird.

Kritisieren ist einfach, ich weiß, ich weiß. Bessermachen hingegen ...

Doch wer dürfte allen Ernstes einen Trakl verbessern? Daß er selbst ihn verschlechtern durfte – wir müssen es zur Kenntnis nehmen. Doch wer außer ihm hat sonst noch das Recht, in einen Trakl einzugreifen?

Die Pendel brauner Uhren nicken leise.
Der Abendmond verläßt sein bleiches Bett.
Ein Jäger einsam bei dem Hasel steht.
Die schwarzen Vögel ziehen leichte Kreise.

Gewaltig schlingt der Schlund der Nacht.
Die Häuser wehren sich mit spitzen Zähnen.
Verblaßte Hände, die den Schlaf ersehnen,
Vielleicht, daß in dem Rohr ein Windstoß lacht.

In engen Stuben blinde Kinder singen.
Im nahen Flusse treibt ein toter Hund.
Die Nebel steigen keusch aus feuchtem Grund
Und lassen ein verwehtes Weinen klingen.

– wer dürfte ein Gedicht wie dieses auseinandernehmen, verändern, gar verbessern?

Von mir aus jeder, auf jeden Fall ich. Es stammt nämlich gar nicht von Trakl, sondern von mir, und das kam so: 1956, vor dem Abitur, hatte mein Deutschlehrer, der bereits erwähnte Oberstudienrat Kraus, uns Abiturienten aufgetragen, doch bitteschön irgendein selbstgewähltes Gedicht auswendig zu lernen, und weil mir das auf einmal zu dumm war, beschloß ich, selber einen Trakl zu schreiben; mit allen Schikanen, dem trakltypischen a-b-b-a ebenso wie mit einem ordentlichen Hauch von Verfall, und alles derart haarscharf an der Parodie entlangschrammend, daß der Schwindel nicht auffliege. Was er denn auch nicht tat: Meinem Vortrag schloß sich nicht nur eine einfühlsame, vielstimmige Interpretation an, sondern auch ein eindringlicher Vergleich dieses Gedichts mit einem zuvor gehörten Werk von Weinheber – ein kritisches Abwägen zweier Kunstwerke, das ganz und gar zu Trakls Gunsten endete.

2. MAN KANN GEDICHTE VERÄNDERN

Eine Binsenweisheit, ich weiß, ich weiß, aber immerhin gesichertes Wissen. Ganz anders die Weisheitspartikel, Lyrikbrocken und Prosabrosamen, mit denen wir alle im Lauf der Zeit unser Hirnkastel vollgestopft haben: Wer von uns weiß da denn noch, durch wieviel Hirne die geschleust und verbogen worden sind, bevor sie im eigenen landeten?

»Wenn du zum Weibe gehst, vergiß die Peitsche nicht« – so zitiert der Volksmund Friedrich Nietzsche, und der Gebildete fügt vielleicht noch hinzu: »Also sprach Zarathustra«.

Nietzsche aber hatte geschrieben: »Du gehst zu Frauen? Vergiß die Peitsche nicht«, und irritierenderweise legt er diese Goldenen Worte nicht dem Zarathustra, sondern einem alten Weiblein in den Mund.

Und so fortan. Wie heißt das eigentlich bei Rilke: »Armut ist ein stiller Glanz von innen«? Oder »aus Innen«? Und war es überhaupt ein »stiller«, nicht ein »milder« Glanz?

Oder Adorno: Was gibt es da wo nicht? Kein »wahres Leben im Falschen«? Oder »kein richtiges Leben im falschen«?

Und was hat eigentlich Wittgenstein wirklich gesagt: »Wovon man nicht reden kann, davon soll man schweigen«? Wirklich? Nicht: »Worüber ... darüber ...« bzw. »Wovon ... darüber ...« bzw. »Worüber ... davon ...« Und heißt es wirklich »soll«? Nicht »sollte«? Oder »müßte«? Oder »empfiehlt es sich, zu«?

Wenn derlei Unsicherheiten und unwillentliche Veränderungen bereits da die Regel sind, wo dem Gedächtnis nicht mehr abverlangt wird, als sich einen veritablen Merksatz zu merken – wie mag es da erst Gedichten ergehen?

Bevor nun ein jeder selbstkritisch seinen eigenen lyrischen Fundus mustert, wollen wir gemeinsam in fremde Hirne blicken. Nicht in Kraut-und-Rüben-Köpfe wie die unseren, sondern in erlauchte Häupter, denen der lebenslange Umgang mit dem Dichterwort geradezu ins Gesicht geschrieben steht.

Von 1954 bis 1980 war Hans Bender Herausgeber der »Akzente«, der wichtigsten literarischen Zeitschrift dieser Jahre und dieses Landes; als Dichter, Sichter und Richter begleitet er auch heute noch die lyrische Produktion und bündelt sie in Jahrzehntanthologien: »In diesem Lande leben wir« nannte sich seine Lese der 70er, »Deutschsprachige Gedichte der achtziger Jahre« enthält sein Sammelband »Was sind das für Zeiten«, ebenfalls im Hanser Verlag erschienen.

»Von Bert Brecht ist der Titel dieser Anthologie entliehen, von seinem im Exil verfaßten Gedicht ›An die Nachgeborenen‹«, schreibt Bender im Nachwort. »Vor allem drei Zeilen werden oft nachgesprochen: ›Was sind das für Zeiten, wo / Ein Gedicht über Bäume fast ein Verbrechen ist. / Weil es ein Schweigen über so viele Untaten einschließt!‹ Die Zeilen wurden meist mißverstanden«, bedauert Bender, doch »Erich Fried hat sie genau gelesen und interpretiert. Sie sind, meinte er« – aber spätestens hier sollten wir schleunigst abbrechen, da Fried unmöglich *diese* Verse genau gelesen haben kann. Jedenfalls nicht bei Brecht. Der nämlich hatte geschrieben: »Was sind das für Zeiten, wo / Ein *Gespräch* über Bäume« – mal ehrlich: Hätten Sie's gewußt?

Bleibt die Frage, wieso Bender und seine Lektoren das nicht besser wußten. Schließlich ist der Hanser Verlag ein literarischer Verlag und sein Verlagsleiter Michael Krüger nicht nur irgendein Poet, sondern derjenige Dichter, dem der Hanser-Anthologist Bender mit fünf Seiten den meisten Platz von all den ca. 150 versammelten Dichterinnen und Dichtern der 80er eingeräumt hat, weit mehr als einem Erich Fried (3 Seiten), einem Oskar Pastior (2 Seiten) oder einem Hans Magnus Enzensberger (1 Seite). Weshalb diese allgemeine Fahrlässigkeit? Warum hat nicht einer der Korrektoren beim Nachlesen gestutzt: »›Vor allem drei Zeilen werden oft nachgesprochen‹ – Moment mal!«

Meine schlichte Antwort: Eben weil diese Zeilen so oft nachgesprochen worden sind, liest sie keiner mehr richtig. Und weil sie jeder zu kennen glaubt, wandelt er sie in aller Unschuld so um, wie sie ihm am besten in den Kram passen: Wenn schon eine Gedichtanthologie der commoden 80er etwas unmotiviert – hochstaplerisch? – mit einer Brecht-Zeile aus den horrenden 30ern betitelt wird, dann sollte in seinem Gedicht aber auch bitteschön von Gedichten die Rede sein – schließlich hat man ja keine Gesprächssammlung zusammengestellt.

Da ist ein Gedicht – behaupte ich – nicht nur objektiv verändert, sondern auch subjektiv verbessert worden; und den Beweis dafür, daß man sich solcher unschuldiger Eingriffe in fremde Werke keineswegs immer zu schämen braucht, ja daß man sich ihrer geradezu rühmen kann –: diesen Beweis sollen nun zwei lyrische Subjekte erbringen, die ebendieses Thema in den Mittelpunkt ihres Briefwechsels gestellt haben, die

Dichter und Literaten Friedrich Torberg und Alexander Lernet-Holenia.

Lernet-Holenia machte den Anfang; am 15. September 1973 stellte ihn Torberg deshalb zur Rede:

»Sei mir, mein Alexandruar, bedankt! Hast Du doch in der ›Die Presse‹ so Liebenswertes über mich geäußert, als wäre ich Dir wirklich lieb und wert; und hast Du doch mein Alt-Ausseer Gedicht so falsch zitiert, daß ich mich zu der kühnen Hoffnung verlockt fühle, Du könntest es aus dem Gedächtnis zitiert haben. Dies aber – daß *Du* ein Gedicht vor *mir* auswendig wüßtest – wäre allein schon Lohn, der reichlich lohnet und mich alles verschmerzen ließe, nämlich:

›Gelten noch die alten Strecken?
Streben Gipfel noch zur Höh?‹

heißt es in meinem, wenn ich so sagen darf, Original, und:

›Wandert ich auch manche Strecken,
ragen Gipfel noch zur Höh?‹

heißt es in Deinem Gedächtnis, woran mich weniger die inkongruente erste Zeile stört als vielmehr das ›Ragen‹, welches Du mir an Stelle des ›Strebens‹ unterschiebst« – worauf Torberg auf weitere Veränderungen des Alexandruar hinweist, um sodann versöhnlich zu schließen: »Wer immer ragend sich bemüht, den können wir erlösen.«

Am 20. September bereits antwortet Lernet-Holenia, und zielstrebig führt er den Diskurs weg vom privaten Lapsus hin zum Wesentlichen solcher Korrekturen:

»Du hast völlig recht, ich habe aus dem Gedächtnis zitiert ... Ich habe mich wegen der Fehler, die mir beim Zitieren Deiner Zeilen unterlaufen sind, zu entschuldigen. Aber vielleicht entschuldigt mich der Umstand, daß mich das Gedicht ständig begleitet, wenn ich im Salzkammergut herum-, beziehungsweise umherfahre, ein wenig, da ich über die Varianten in mir selber nicht hinwegkommen konnte. Ich möchte Dir auch ein anderes Beispiel zitieren, wie sich Gedichte in demjenigen, der sie sich merkt, verändern. So, zum Beispiel, heißt es im Westöstlichen Divan:

Nennen dich den großen Dichter,
wenn dich auf dem Markte zeigest.
Gerne hör ich, wenn du redest,
und ich horche, wenn du schweigest.

oder so ähnlich. In mir selbst aber lebt das Gedicht in der folgenden Weise weiter:

Nennen dich den großen Dichter,
wenn dich auf dem Markte zeigst,
und ich horche, wenn du redest,
und ich lausche, wenn du schweigst.

Das ist, wenn Goethen diese plumpe Vertraulichkeit nicht zu viel werden sollte, eigentlich besser, jedenfalls aber moderner. Auch andere Gedichte habe ich, ohne es selber zu wissen, in der Erinnerung ›verbessert‹. Deins habe ich zwar verschlechtert, aber laß Dir in diesem Zusammenhange trotzdem sagen, daß es zu jenen Dingen gehört, von denen man gar nicht weiß, woher sie in Wirklichkeit kommen und was sie sind, etwa wie Rilke von Trakl sagte: ›Wer mag er gewesen sein?‹«

Ich war's diesmal nicht, aber weiter im Text: »Und nun zu wesentlich Wichtigerem, wesentlich Interessanterem, wesentlich Ergiebigerem«, schreibt Torberg sichtlich angeregt einen Monat später, am 27. Oktober, »nämlich der Frage der ab sofort so genannten ›Gedächtnis-Varianten‹. Wie sehr es mich ehrt, mein Alt-Ausseer Gedicht in Deinem Gedächtnis aufbewahrt zu wissen, und wie gerne ich für diese Ehre auch gewisse Abweichungen vom originalen Wortlaut dreingebe, habe ich Dir ja schon gesagt und muß es nicht mehr wiederholen. Hingegen muß ich Dir für das Zitat aus dem ›Westöstlichen Divan‹ danken, welches mir unbekannt war und welches sehr schön ist, in Deiner Variante tatsächlich noch schöner als im Original. Auch mir ist es bei Goethen schon einmal (mindest einmal) ähnlich gegangen:

Freuet Euch des wahren Scheins
Und des ernsten Spieles.
Nichts Lebendiges ist Eins,
Alles ist ein Vieles.

Aber so heißt es nur in meinem Gedächtnis. Beim Dioskuren lautet die letzte Zeile: ›Jedes ist ein Vieles‹ und das hat mir als Gegengewicht offenbar nicht ganz genügt. In meiner Gedächtnis-Variante ist ›Vieles‹ mehr als ›Alles‹, und das scheint mir tiefer und überraschender, als wenn ich mich damit zufriedengeben müßte, daß ›Vieles‹ mehr ist als ›Jedes‹, was es ja wirklich ist.

Ich kann Dir noch mit einem anderen und sehr schönen Beispiel aufwarten« – aber das mag jeder selber nachlesen im schönen Torberg-Briefband »In diesem Sinne«, Ullstein Verlag. Das Schlußwort zum Thema Gedächtnis-Varianten nämlich habe ich mir selber reserviert, als Betroffener erhebe ich meine Stimme, nicht als Täter freilich, sondern als Opfer. Lang, lang ist's her, da erschien in einem Frankfurter Kleinverlag ein schmales Buch, »Freiheit für Grönland – weg mit dem Packeis. 200 Sprüche von den Wänden der Frankfurter Universität«, ein Vorläufer all der Sponti-Spruchsammlungen also, und darin fand ich auch drei Gedichte aus meiner Feder – aber ach! in welchem Zustand!

Es sprach der Herr zum Knecht:
Mir geht es schlecht.
Da sprach der Knecht zum Herrn:
Das hört man gern.

– stand da, und ich hörte den rumpelnden Wechsel von drei- zu zweihebigen Zeilen ebenso ungern, wie ich jene Veränderungen und Vereinfachungen las, durch welche der unbekannte Schreiber mein Gedicht – analog zu den Zersingungen von Hochliteratur im Volkslied – zersprayt hatte. Denn *so* lautete das Original von 1973:

Der Herr rief: »Lieber Knecht,
Mir ist entsetzlich schlecht!«

Da sprach der Knecht zum Herrn:
»Das hört man aber gern!«

Wie da Herrn und Knecht zwei gänzlich verschiedene schichtenspezifische Ausdrucksformen – rufen und sprechen – zugeordnet werden, wie da das umgangssprachliche »aber« harsch in diese hochhegelianische Konstellation einbricht, das alles – aber halt! All das mag Gegenstand eines Symposions zum Thema »Möglichkeiten und Grenzen von Gedächtnis-Varianten« sein, wir hier haben noch einen weiteren Schritt vor uns, einen vermutlich wichtigeren, möglicherweise fragwürdigeren, auf jeden Fall interessanteren.

3. MAN KANN GEDICHTE VERBESSERN

Lebe wohl,
farewell,
und nevermore –:
aller Sprachen Schmerz- und Schattenlaut

– derart feierlich und zweisprachig hebt Gottfried Benns Gedicht »Lebe wohl« an,

sind dem Herzen,
sind dem Ohre
unaufhörlich
tief vertraut.

– derart zweifelhaft geht es weiter. Mein Ohr zumindest schmerzt es, »nevermore« auf »Ohre« gereimt zu sehen, zumal der Verdacht begründet ist, der Dichter habe die Wörter bona fide zusammengeleimt. Bei aller Verehrung für englische Lebensart nämlich und trotz zahlreicher angelsächsischer Einsprengsel in seinem Werk sprach er diese Sprache auch da eigenwillig aus, wo es nicht um des Reimes willen zu geschehen hatte, zum Beispiel bei der 1953 aufgezeichneten Lesung seines Gedichtes »Reisen«:

»Selbst auf den Feifs Avenueen /fällt Sie die Leere an –«

Was tun? fragt es zögernd in mir, Laß ruhn! antwortet es mit Nachdruck, und dennoch bleibt da ein Stachel: So ein schön dunkles Gedicht, dies »Lebe wohl« und trotzdem mit diesem ridikülen Makel behaftet, ja durch ihn entstellt.

»Lyrik muß entweder exorbitant sein oder gar nicht. Das gehört zu ihrem Wesen« – Gottfried Benn in seiner berühmten Marburger Rede über »Probleme der Lyrik«. Nur zu wahr – doch wo verläuft die Grenze zwischen Exorbitanz, Indolenz und Ignoranz? Und wann gehen die Grenzverletzungen des Dichters an die Substanz seines Gedichtes?

Wolfgang Leppmann, der Biograph Rilkes, hat keine Scheu davor, Gedichte seines Helden mit lexikographisch nüchternem Blick zu lesen. Der besucht 1898 Florenz:

Soll ich euch sagen, wie mein Tag verrollt?

fragt er und antwortet im gleichen Sonett:

Früh zieh ich durch die strahlenden Viale
zu den Palästen, drin ich wachsend prahle,
und mische mich auf freier Piazzale
ins braune Volk, wo es am tollsten tollt.

»Bei ›freier Piazzale‹«, merkt Leppmann an, »mag er an den Piazzale Michelangelo oberhalb der Pension gedacht haben, obwohl weder dort noch anderswo in dieser Stadt von ›braunem‹, geschweige denn ›tollendem‹ Volk die Rede sein kann. Die Vorstellung von südländisch-folkloristischen Florentinern ist so wirklichkeitsfremd wie die von einem Rilke, der sich leutselig unter die karnevaleske Menge mischt... Wie wenig er damals noch über Italien weiß, geht auch aus den in Anbetracht seines glänzenden Französisch, achtbaren Russisch und passablen Tschechisch überraschend häufigen Fehlern im Italienischen hervor (so müßte es schon oben auf frei*em* Piazzale heißen).«

»Denn Verse sind nicht, wie die Leute meinen, Gefühle (die hat man früh genug), – es sind Erfahrungen. Um eines Verses willen muß man viele Städte sehen, Menschen und Dinge, man muß die Tiere kennen, man muß fühlen, wie die Vögel fliegen, und die Gebärde wissen, mit welcher die kleinen Blumen sich auftun am Morgen« – Rainer Maria Rilke in »Die Aufzeichnungen des Malte Laurids Brigge«.

Sehen, kennen, wissen – der Dichter sollte all das nicht nur um des Verses willen leisten, sondern auch dem Leser zuliebe. Zumal dann, wenn er ihm via Vers Erfahrungen mitteilt, die der Lesende überprüfen kann und besonders in jenen Fällen, in welchen der Dichter zu verstehen gibt, daß er in seinem Gedicht Phantasie und Anschauung zu vereinen trachtet, seine dichterische Freiheit also selbstverantwortlich einschränkt.

Wenn Werner Bergengruen seine Verse »Südlicher Mittag« überschreibt, wenn er sie mit den Worten beginnt:

Jene zwei verschlafnen Ziegenhirten,
Die mit Ölbaumschatten mich bewirten,
Hab ich halblaut um den Weg gefragt

– so wird der Leser dem Dichter gerade dann aufmerksam zuhören, wenn ihm das Erlebnis einer solchen Stunde nicht fremd ist. Wenn Bergengruen in der zweiten Strophe fortfährt:

Weißverstaubte Stachelkräuter kauern
Unbewegt auf den beglühten Mauern,
Dem gestorbnen Gott als Mal gesetzt

– so sollte der Leser dem Dichter nicht nur die Behauptung durchgehen lassen, die Disteln wüchsen da zu Ehren des Pan, er muß ihm auch die Freiheit zubilligen, eine Gebärde in die Kräuter hineinzusehen, die er selber lediglich bewegungsfähigen Lebewesen zugesprochen hätte – selbst wenn der Verdacht sich aufdrängt, daß den komplexen Gewächsen die Haltung um des Reimes willen zugemutet wird. Wenn aber Bergengruen mit den Worten endet:

Ungeheure du, verschlossne Mitte!
Schauert michs der ungewiesnen Schritte?
Ahne ich der Schritte dunkles Ziel?

In den stummen Rebengärten
Schlummern Bienen und Lacerten,
Und der Wind verfiel.

– so darf der Leser ohne Scheu einwenden, daß der Dichter statt große Fragen zu stellen, lieber kleine Beobachtungen hätte anstellen sollen. Dann nämlich hätte er feststellen können, daß Hitze ein wechselwarmes Tier wie die Lazerte oder Eidechse keineswegs träger sondern kregler werden läßt und daß ihr unstetes Hasten erst – neben Insektengesumm und Blätterrascheln – den südlichen Mittag zur spannungsträchtigen Stunde des Pan werden läßt, zum Zeitpunkt, da diffuse Furcht in panischen Schrecken umschlagen kann.

Oder: Wenn es Günter Kunert nicht mehr in Schleswig-Holstein hält, wenn es ihn ebenfalls in den Süden zieht, wenn er sich in seinem Gedicht »Verlangen nach Bomarzo« in jenen rätselvollen italienischen Skulpturenpark versetzt:

Platz nehmen im *Parco di Mostri*
unter schweigenden Ungeheuern
aus behauenem Gestein

– so geht das tendenziell in Ordnung, sofern der Dichter – wenn er denn schon ausländisch reden muß – den Genitiv ordentlicher handhabt: Parco *dei* Mostri. Wenn Kunert aber den Wunsch äußert:

Selber ein Fels zu sein

– wenn er die Behauptung aufstellt:

Der Schädel mit dem Scheunentormund
darinnen Tisch und Sessel aus gleichem Granit
dich empfingen wäre der meine

– wenn er von seiner Sehnsucht spricht:

Dableiben. Hierbleiben.
Kristallinisch
solcher Landschaft sich innig verbinden
wenigstens vorübergehend
unsterblich sein.

– dann fragt sich der Leser denn doch, wo der Dichter seine Augen gehabt haben mag, als er durch den Park seiner Sehnsucht schritt. Granit nämlich kann er dort ebensowenig gesehen haben wie sonstiges kristallinisches Tiefengestein, da sämtliche Ungeheuer aus dem für Latium typischen Tuffstein herausgehauen worden sind. Wobei dieses Hauen nicht allzu viel Mühe bereitet haben dürfte, handelt es sich doch beim Tuff laut »Kleinem Meyer« um »mürbe, meist poröse Absätze von 1) kohlensaurem Kalk 2) aus verfestigten vulkanischen Aschen, Schlacken usw. bestehende Gesteine«.

Kennst du das Land, wo die Zitronen blühn – da ist kaum ein deutscher Dichter, der die Frage der Mignon nicht mit »Kenn ich« beantworten kann. Wie viele Dichter und was alles sie zu Italien sagen zu können glauben, das freilich wurde mir erst deutlich, als mich ein freundlicher Zufall auf ein Buch stoßen ließ, das Goethes Anfangszeile im Titel führt: »Kennst du das Land, wo die Zitronen blühn. Italien im deutschen Gedicht. Herausgegeben von Peter Hamm.«

Eine Italienreise von der Alpen Höhn bis hinunter zu Siziliens Stränden, angestimmt von fast hundert Dichtern aus zweihundert Jahren, eine Sammlung, die ich mit stetem, stets wechselndem Kopfschütteln las, mal vertikal: Sehr gut, sehr schön, sehr wahr! mal horizontal: Also nein, diese Dichter!

Eine bunte Mischung: Das große Thema vereint neben viel Großem und Gelungenem auch viel Verwegenes und Abwegiges; so verwegene Verse wie Paul Heyses »Sorrent«, darin »Kinderhändchen« zu »den Lebendgen« in Beziehung gesetzt werden, und eine so abwegige Behauptung wie die Richard Dehmels in seinem Gedicht »Campagna vor Rom«. In dieser Landschaft spanne sich alles, sagt er, da sei jede Form erwartungsvoll geschwungen – »Die Hörner selbst der silbergrauen Stiere« –:

Denn dort am Horizont hebt einsam groß,
So einsam groß, daß auch die Berge nur
Mitglieder sind der staunenden Natur,
Das Haupt der Ewigen Stadt sich zum Azur!
Die Peterskuppel Michelangelos.

– Herr Berg, ihren Mitgliedsausweis bitte!

So reflektierte, räsonierte und spottete ich beim Lesen vieler Gedichte und hörte doch zugleich immer häufiger und immer durchdringender jenes feine Stimmchen und sein ständig wiederholtes: Was tun?

Je mehr Fragwürdiges mir da zu Augen kam, desto häufiger juckte es mich in den Fingern, mal kurz Hand anzulegen. Durchgehend Verblasenes oder unfreiwillig Komisches war natürlich nicht zu retten, auch nicht

Grundfalsches – aber galt das auch für Wackliges und Verrutschtes in ansonsten ganz durchdachten und gutgemachten Gebilden?

Was tut der lebenserfahrene Mann mit Fragen, deren Antwort er mehr ahnt denn weiß? Er delegiert sie. Und so kam es, daß den Mitgliedern des bereits erwähnten Rendsburger Seminars die folgende Hausaufgabe zugestellt wurde:

»Bestandteil der Kanalrunde ist auch der Workshop ›Kann man Gedichte verbessern?‹ Zu diesem Zweck habe ich zehn Gedichte ausgesucht, die ich Sie mit erwähnter Frage im Hinterkopf zu lesen, zu kritisieren und, wenn möglich oder nötig, zu korrigieren bitte. Kritik und Korrektur sollten sich auf überprüfbare Bereiche wie Reim, Rhythmus, Wortwahl oder Tatsachenbehauptungen beziehen, also nicht Weltsicht oder Poetik der Autoren zum Inhalt haben.«

Machen wir es kurz. Nicht zehn, drei Dichter werde ich nun zu einem poetologischen Privatissimum außerhalb von Zeit und Raum laden, zu einer – mir doch egal! – möglicherweise beckmesserischen, in jedem Fall aber Sprache und Wort sowie Sinn und Form verpflichteten Veranstaltung.

Ein Wort noch zu den Gästen und ihren Werken: Zwei von ihnen weilen nicht mehr unter uns, alle Gedichte aber haben irgend etwas mit Italien zu tun – der Erste bitte!

Salve, Maestro von Platen! Sie Beneidenswerter! Sie haben Italien nicht nur die kreuz und die quer bereist, sondern auch so gut wie alle größeren Städte dieses gesegneten Landes besungen: Neapel, Rom, Florenz und, natürlich, Venedig. Ihre Venedig-Sonette – ich sage Ihnen da nichts Neues – einfach klassisch:

Wenn tiefe Schwermut meine Seele wieget,
Mag's um die Buden am Rialto flittern:
Um nicht den Geist im Tande zu zersplittern,
Such' ich die Stille, die den Tag besieget.

– elfsilbige Zeilen, fünffüßige Jamben, der Aufgesang der beiden vierzeiligen Quartette mit nur zwei Reimen in umschlingender Stellung a-b-b-a a-b-b-a – die klassische Sonettform:

Dann blick ich oft, an Brücken angeschmieget,
In öde Wellen, die nur leise zittern,
Wo über Mauern, welche halb verwittern,
Ein wilder Lorbeerbusch die Zweige bieget.

– wobei Sie, vermute ich, mit »Mauern, welche halb verwittern«, nicht etwa Mauern meinen, welche lediglich zur Hälfte verwittern, sondern Mauern, die bereits halb verwittert sind. Aber lassen wir derlei Bagatellen, weiter im Text, noch fehlen ja die beiden Terzette, die sich, klassisch auch sie, gleichfalls auf zwei Reime beschränken, c-d-c c-d-c:

Und wenn ich, stehend auf versteinten Pfählen,
Den Blick hinaus in's dunkle Meer verliere,
Dem fürder keine Dogen sich vermählen:

Dann stört mich kaum im schweigenden Reviere,
Herschallend aus entlegenen Kanälen,
Von Zeit zu Zeit ein Ruf der Gondoliere.

Ja, Herr von Platen, Gondoliere. Und Ihre Gondoliere lassen sich, im Gegensatz zu den Mauern, welche halb verwittern, nicht überlesen: Dieses über die volle Distanz durchgehaltene Hohe Sprechen und dann – bumsti – ausgerechnet am Schluß diese, reim dich oder ich freß dich, an humorige Techniken Wilhelm Buschs gemahnende gewaltsame Eindeutschung eines Fremdworts ... Wo es doch gerade auf -iere reichlich Reimwörter gibt, deutsche wie fremde: Schmiere, Tiere, Biere, Wesire, Papiere, Vampire, Scharniere, Klaviere, Menhire – alle nicht so furchtbar venezianisch, zugegeben, doch da gibt's ja auch noch all jene Berufsbezeichnungen, die die deutsche Zunge sich bereits zu eigen gemacht hat, Barbiere, Musketiere, Pioniere, Kanoniere –

»Von Zeit zu Zeit ein Schuß der Kanoniere«? Nein? Einverstanden! Aber *das* wird Sie begeistern: Kavaliere! Die gehören doch zur Serenissima wie die Schwermut zum Dichter:

Dann stört mich kaum im schweigenden Reviere ...
Der Gondelruf bezechter Kavaliere.

Ja, Gondelruf. Die Kavaliere rufen nach einer Gondel: Hallo, Gondel! Warum? Ich dachte, Sie würden die Gondel gern noch mit drin haben: Venedig – Gondel – vino – nein? Dann nicht, dann nicht! Dann eben »Gondellied«, oder »Nachtgesang« oder »Abschiedsgruß« oder »Ritornell« oder wie sonst diese venezianischen Lieder heißen. Und natürlich müssen die Kavaliere nicht »bezecht« sein, denkbar ist auch jeder andere zweisilbige Zustand – aber das muß ich Ihnen als Mann des Wortes ja nicht weiter ausmalen. Nichts zu danken, gern geschehn! Der Zweite bitte!

Ah, der Herr Schnack – nicht wahr? Anton Schnack, 1892 bis 1973, einer der Stillen im Lande, aber durchaus nicht ohne Meriten. Ihr Gedicht »Südliche Abendstunde« zum Beispiel: Eine prägnante Situation, eine intensive Stimmung, eine sehr suggestive Schlußzeile, die ebenfalls den Versuch rechtfertigte, Ihr Gedicht zu retten – ja: zu retten. Denn mit kleinen Verbesserungen allein wird es kaum getan sein ... Aber schaun wir mal:

Der weiße Vorhang regungslos. Ich sitze da
Vor einem Buch, das alt ist und zerschunden.
Stünd' ich vom Stuhle auf, säh ich das Meer ganz nah.
Der weiße Vorhang regungslos. – Die Uhr schlägt matt
die Stunden.

Kann alles so bleiben, obwohl mir weder das »zerschundene Buch« noch die »mattschlagende Uhr« das allerletzte Wort zu sein scheinen – aber dann:

Der weiße Vorhang regungslos. Ein Rauchgeschmack
dringt ein
Mit einem Schwaden süßen Obstgeruches.
Bald wird im Fenster grauer Schatten sein
Und unlesbar der Druck des alten Buches.

– hängen Sie eigentlich sehr an dem »Obstgeruch«? Wenn Sie auf den verzichten, wären Sie zugleich auch den anderen reichlich befremdlichen Eindringling los, den Rauchgeschmack sowie die unschöne Doppelung ein-ein. So nämlich:

Der weiße Vorhang regungslos. Geruch von Rauch dringt ein
Durch alle Fasern des verblichnen Tuches

– und dann weiter wie gehabt, bis »alten Buches«, aber nun!

Der weiße Vorhang weht, als höbe eine Hand
Den leichten Stoff (mit bleichen Blumenlinien),
Um mir zu zeigen noch einmal das Meer, die Felsenwand
Und die Erstarrung strenger Gartenpinien.

– das alles ist, rundheraus gesagt, nicht schön. Sie alle, die preziös eingeklammerten bleichen Blumenlinien, die holpernde dritte Zeile und die aus der Not geborene strenge Gartenpinie, müßten eliminiert oder neumontiert werden, damit der Lesende ohne Irritation zur ganz passablen vierten Strophe und zu der schönen Schlußzeile gelangt:

Der weiße Vorhang weht, als raffe eine Hand
Den leichten Stoff, um mir zu zeigen
Noch einmal Himmel, Meer und Felsenwand,
Vergittert von erstarrten Pinienzweigen.

– und nun wieder Sie:

Der weiße Vorhang weht: urplötzlich streift ein Wind
Herein. Die Segel zieh'n zu Bucht und Hafen,
Weil schwarze Wetter drohend überm Meere sind:
Ich werde diese Nacht nicht schlafen.

Ende gut, alles gut. Aber das allerletzte Wort hat natürlich der Dichter. Überschlafen Sie die Sache ruhig noch einmal! Der Dritte bitte!

Ach, der Herr Gernhardt! Daß Sie den Mut bzw. die Stirn besitzen, meine Sprechstunde in Anspruch zu nehmen, kennzeichnet Sie als einen Dichter von Niveau – man weiß nie, wo Sie noch alles auftauchen werden. Aber Ernst beiseite: Ihr Gedicht »Pizzeria Europa« hat, obwohl das Lokal in Frankfurt am Main liegt, einen gewissen Bezug zu unserem Thema Italien, verbessern läßt es sich jedenfalls – lesen wir also *die* Fassung, in welcher Sie es 1987 zu Druck befördert haben:

Abends aber sitzen Neger
im Lokal des Italieners,
sitzen da und wählen Speisen,
die so klingen, wie sie aussehn.

Große Neger, kleine Neger
halten sich an das, was da ist,
und was da ist, das sind Speisen,
die so aussehn, wie sie schmecken.

Schwarze Neger, helle Speisen,
volle Teller, die sich leeren,

aufgetischt von schnellen Kellnern,
die so reden, wie sie heißen.

Aber dann! Es geht ans Zahlen,
schwarze Hände, grüne Scheine.
Dunkelheit verschluckt die Gäste,
die so weggehn, wie sie kamen:

Fröhlich.

Na? Nichts bemerkt? Alles bestens? Wirklich? Dann hätte ich noch ein paar Fragen: Wenn Sie die Gäste am Ende gehen lassen – wieso lassen Sie sie dann zu Beginn nicht kommen? Warum in dem sonst doch durchweg bewegten Gedicht dieser statische Anfang, dieses sture »sitzen« und das gleich doppelt? Weshalb dröge beginnen, wenn es auch flinker geht, und wenn eine gewisse Flinkheit möglicherweise das hauptsächliche, wenn nicht einzige Verdienst Ihres kleinen Werkes ausmacht?

Abends aber kommen Neger
ins Lokal des Italieners,
setzen sich und wählen Speisen,
die so klingen, wie sie aussehn.

– klingt schon anders, nicht wahr? Noch besser freilich wäre »treten« statt »kommen«... Und bedenken Sie auch, ob die Verdoppelung von »was da ist« in der zweiten Strophe nicht ebenfalls ein allzu retardierendes Moment darstellt, eines, das ebenfalls in Handlung aufgelöst werden müßte:

Große Neger, kleine Neger
warten stumm. Da klirren Teller!
Und was nun kommt, das sind Speisen,
die so aussehn, wie sie schmecken.

– aber gerade sehe ich, daß ich eine noch dramatischere zweite Zeile vorziehen würde:

warten stumm. Da! Tellerklirren!

Ich weiß, ich weiß, ich weiß, allzuviel Perfektion bekommt manchen Gedichten nicht. Doch sollte man deshalb Gedankenlosigkeit, Inkonsequenz oder Schlampigkeit zu den dichterischen Tugenden zählen? Aber nein, das geht nicht gegen Sie! Ich habe lediglich laut gedacht und Vorschläge unterbreitet... Was Sie daraus machen, das ist, wie der Italiener sagt, vostra birra. Hoffentlich bekommen Sie es nicht in die falsche Kehle! Habe die Ehre!
Feierabend!

4. DÜRFEN SICH GEDICHTE VERBESSERN?

Ihr Herrn urteilet selbst, was mag mehr frommen!
Ich finde nicht Geschmack an alledem,
Als kleines Kind schon hab ich stets vernommen
Nur wer im Wohlstand schwelgt, lebt angenehm.

Wohin gehört das nun wieder? Zwanziger Jahre... Gab's da nicht auch Musik zu... So eine Art Song... Etwa Brecht? Hören Sie noch mal rein:

Ihr Herrn, urteilt jetzt selbst: Ist das ein Leben?
Ich finde nicht Geschmack an alledem.
Als kleines Kind schon hörte ich mit Beben:
Nur wer im Wohlstand lebt, lebt angenehm.

Diese Fassung nun ist in der Tat von Brecht; diese vier Zeilen gehören zu jenen 27, die er aus der, wie er selber sagt, »ausgezeichneten Übersetzung Ammers« herausgenommen hatte, um sie in seine Dreigroschenoper-Songs einzubauen. Ohne von Fall zu Fall anzumerken, wann er auf die Formulierungen des Villon-Übersetzers zurückgegriffen hatte, allerdings auch nicht ohne Veränderungen – zumindest gilt das für den angeführten Vierzeiler. Aber sind es auch Verbesserungen?

Ja, mit Vorbehalt. Die Eingangsfrage »Ist das ein Leben?«, das »lebt, lebt« der vierten Zeile – beides ist lakonischer und einprägsamer als Ammers Formulierungen. Beeinträchtigt wird diese Neue Sachlichkeit leider durch das melodramatische Beben, mit welchem das Kind auf das »Leben« zu reagieren hat. Mein Vorschlag, der antiquierte Sprache mit einer gewissen Umgangssprachlichkeit zu verbinden sucht:

Dem kleinen Kind bereits ward mitgegeben:
Nur wer im Wohlstand lebt, lebt angenehm.

»Nur wer von Fremden lebt, lebt angenehm« – nicht ohne Hohn kommentierte der Kritiker Kerr die Praxis des Herausnehmens, worauf Brecht gleich auf dreifache Weise antwortete, patzig, ideologiekritisch und selbstbewußt: »Natürlich beruht so ziemlich jede Blütezeit der Literatur auf der Kraft ihrer Plagiate ... Aber lassen wir das beliebte Geduldsspiel der Bourgeoisie: den Streit um Besitztitel... Wenigen Kennern ist es gegeben, das Originale in einem Werk von Format aufzuspüren...«

So redete der 30jährige Brecht, und noch der 56jährige handelte danach. Im Jahre 1954 las der Kenner der Lyrik Ingeborg Bachmanns Gedichtband »Die gestundete Zeit« im Buchower Refugium und in Gegenwart der Schauspielerin Käthe Reichel, die ihm das Buch aus Frankfurt am Main mitgebracht hatte.

»Das Ganze hat Brecht an einem kleinen Nachmittag gemacht« – so erzählte es die Schauspielerin dem Schriftsteller Gerhard Wolf, wobei mit »das Ganze« eine Lektüre mit dem Rotstift gemeint ist: »Alles, was ihm gefällt, ist unterstrichen, und alles, was nicht unterstrichen ist, könnte nach Brecht – oder müßte nach Brecht – weg. So ist das... Du siehst, es ist nicht allzu viel stehengeblieben von den Gedichten...«

Das kann man laut sagen und in aller Stille nachlesen, da Wolf den ganzen Vorgang nicht nur referiert und reflektiert, sondern auch, in seinem Buch »Im deutschen Dichtergarten« dokumentiert hat: durch den Faksimilenachdruck jener Gedichte, die in Brechts Augen wenigstens so weit Gnade fanden, daß er sie überhaupt einer Bearbeitung für würdig befand. Ebenso herrische wie ungewöhnliche Bearbeitungen! Nur einmal verändert Brecht den Wortlaut: Das Ende des Gedichts »Beweis zu nichts«

Wein! Aber winke uns nicht.

wird zu

(Weinl Abe] winke uns nicht.
Weine, nur

lautet nun also »Weine, nur winke uns nicht«, eine triftige Verbesserung, welche sich freilich nur dem erschließt, der das ganze ohnehin schon sehr schöne Gedicht kennt oder liest.

Die anderen Brecht-Eingriffe – Was der sich herausnimmt! – sind ungleich rabiater. Von den fünfzig Zeilen des Gedichts »Thema und Variation« läßt er gerade fünf gelten, die ersten vier und die neununddreißigste. Das Ergebnis ist eine merkwürdig unheimliche »Bukkower Elegie«:

In diesem Sommer blieb der Honig aus.
Die Königinnen zogen Schwärme fort,
der Erdbeerschlag war über Tag verdorrt,
die Beerensammler kehrten früh nach Haus.

Unten im Dorf standen die Eimer leer.

Käthe Reichel hat uns Brechts Diktum überliefert: »Von einem Satz mit fünf Worten kann man mindestens ein Wort streichen.« Wirklich? Schon bei Brechts Dramentitel »Der gute Mensch von Sezuan« würde ein fehlendes Wort nicht folgenlos bleiben, und wir wissen nicht, ob Ingeborg Bachmann das Fehlen von gleich 264 Worten ihres 295-Wort-Gedichts eingesehen hätte – angeblich hielt eine Scheu sie davon ab, Brechts Korrekturexemplar einzusehen.

»Jetzt quatscht sie wieder«, sagt Brecht und fällt ihr unerbittlich ins Wort. Vom Gedichttitel

Holz und Späne

läßt er lediglich das Holz stehen, die Späne aber ganz spangemäß fallen. Von den 30 Zeilen des Gedichts aber werden alle bis auf fünfeinhalb weggehobelt – sauber!

Brechts Eingriffe beschränken sich nicht auf Wortkorrektur und Zeilenstreichung. Das anrührendste, weil enthüllendste Gemeinschaftswerk destillierte er aus den 26 Zeilen des Bachmann-Gedichts »Abschied von England«. Er berücksichtigt lediglich einen neun Zeilen langen Block, den bereits die Dichterin durch Leerzeilen aus dem Textfluß herausgehoben hatte, erwählt von diesen neun Zeilen vier und verändert überdies ihren Ablauf:

Du hast meine Augen geschlossen
1 **mit Meerhauch und Eichenblatt,**
von meinen Tränen begossen,
2 **hieltst du die Gräser satt;**
aus meinen Träumen gelöst,
4 **wagten sich Sonnen heran,**
doch alles war wieder fort,
3 **wenn dein Tag begann.**
Alles blieb ungesagt.

Die Zahlen am Rande geben die von Brecht abgesegnete Reihenfolge an, das Restgedicht lautet jetzt also:

Mit Meerhauch und Eichenblatt
hieltst du die Gräser satt
wenn dein Tag begann
wagten sich Sonnen heran

– Tränen, Träumen, Schweigen – all das bleibt nun ungesagt; der Rest ist Preisen. Von wem immer die Rede ist, sie oder – und das ist wahrscheinlicher – er benötigt für die guten Werke Sättigen und Sonnenanlocken niemanden mehr, der – wahrscheinlicher aber: die – das alles erst durch Trauer und Traum ermöglicht. Ein seltsamer Bankert, dieser Vierzeiler! Für ein Brecht-Gedicht zu dunkel, für eine Bachmann-Elegie zu positiv, schreit er geradezu danach, einem dritten, neuen Autor zugeschrieben zu werden: Ingebert Brechtmann.

»Man kann es sich nur schwer versagen, nicht polemisch zu reagieren, wenn man mitansehen muß, wie hier ein Dichter mit einer Dichterin verfährt«, merkt Gerhard Wolf an, »aber die Literaturgeschichte bietet zahlreiche ominöse Beispiele dafür, wie schwierig es ist, daß ein Gestirn das Leuchten eines anderen wirklich wahrzunehmen vermag und als Licht erkennt. Man lese Schillers Korrektur zu Hölderlins Gedicht ›An die klugen Rathgeber‹, und weiß genug.«

Dichtergarten der Pfade, die sich verzweigen! Ich aber werde mich hüten, weiteren Lichtern und Irrlichtern nachzujagen! Viel zu lange schon suche ich einen Ausgang aus dem Labyrinth der Materialien und Meinungen, jetzt hilft nur noch die Machete des Machtworts, um wenigstens den Moralismus jener klein zu halten, die da mit Wolf meinen, Dichtern geschehe finsteres Unrecht, wenn ein Kollege in ihren Werken streiche und feile. Dichter sind doch keine Maler und Gedichte keine Unikate! Anders Bilder: Da freilich wäre es ein unersetzbarer Verlust, hätte ein Slevogt in einem Original von Caspar David Friedrich herumgemalt, ein

Braque in einem Bonnard oder ein Mondrian in einem Manet.

Wenn aber zwei Dichter zusammenstoßen, in dem Werk des einen, geht ja nicht das Gedicht drauf, im Gegenteil: Entweder bleiben ein bisheriges und ein verschlechtertes Gedicht übrig oder ein bisheriges und ein verändertes oder ein bisheriges und ein verbessertes – auf jeden Fall verdoppelt sich die Zahl der Gedichte, und dieses Ergebnis poetischer Zellteilung sollte jeden Freund der deutschen Dichterflora nicht bekümmern, sondern erfreuen. Nicht zuletzt des befruchtenden Gedichts wegen! Je mehr Korrektoren, Gegensinger und Weiterverwerter es auf den Plan ruft – alles Befruchtete –, desto besser steht es da: Was es nicht umbringt, macht es stärker.

Und keine Zeit und keine Macht zerstückelt
Geprägte Form, die lebend sich entwickelt

– genau. Das hat nämlich weder der sprachmächtige Peter Rühmkorf geschafft, als er Hölderlins »Ode an die Deutschen« ein zeitgemäßes Pendant an die Seite stellte:

Wie der Phönix aus den Scherben, oh Vaterland,
Edelstahl platzt in den Nähten, Fette erholt

– noch der wortgewandte Serenus M. Brezengang, als er Goethes »Kennst du das Land« ins Enzensbergische übersetzte:

Kreubst du das Lerd, wo die Zertissen breun,
Im dischen Lurb die Gonten-Schaffeln geun

– und schon gar nicht jener wackere Gedächtnisschwache, welcher diese so unsagbar schwermütigen Terzinen von diesem... na: Sie kennen ihn alle! auf diese unsägliche Weise... verbessert hat? Kalt. Verwässert hat? Wärmer. Vervespert hat? Ach, was weiß ich denn – urteilen Sie am besten doch selber:

Terzinen über die Vergeßlichkeit
nach Kuno von Hofmannsthal

Noch spür ich ihren Dingens auf den Wangen,
Wie kann das sein, daß diese nahen Tage
Dings sind, für immer fort und ganz vergangen?

Dies ist ein Ding, das keiner voll aussinnt
Und viel zu kommnichtdrauf, als daß man klage,
Daß alles gleitet und vornüberrinnt.

Und daß mein eignes... Na! durch nichts gehemmt
Herüberglitt aus einem Kind? Ja, Kind,
Mir wie ein Hut unheimlich krumm und fremd.

Dann: daß ich auch vor Jahren hundert war
Und meine Ahnen, die im roten Hemd
Mit mir verdingst sind wie mein eignes Haar.

So dings mit mir als wie mein eignes Dings.

GOLDEN OLDIES
oder
WO ZUM TEUFEL BLEIBEN EIGENTLICH DIE LYRIK-HÄMMER DER SAISON?

SMASH-HIT VON 1911

Am 1. Januar 1911 druckte die Berliner Wochenschrift ›Der Demokrat‹ das folgende Gedicht:

Dem Bürger fliegt vom spitzen Kopf der Hut,
In allen Lüften hallt es wie Geschrei.
Dachdecker stürzen ab und gehn entzwei,
Und an den Küsten – liest man – steigt die Flut.

Der Sturm ist da, die wilden Meere hupfen
An Land, um dicke Dämme zu zerdrücken.
Die meisten Menschen haben einen Schnupfen.
Die Eisenbahnen fallen von den Brücken.

Das Gedicht stammte von dem damals dreiundzwanzigjährigen Hans Davidson, der sich Jakob van Hoddis nannte, und es schlug voll ein. Kurt Hiller, der Generationsgenosse und Freund des Dichters, erinnert sich 1966: »Sein berühmtes Gedicht ›Weltende‹, womit tatsächlich die ›fortgeschrittene‹ oder ›expressionistische‹ Lyrik eröffnet wurde, kannte ich lange, bevor Franz Pfemfert es druckte« – woraus Helmut Hornbogen, der

Biograph des Jakob van Hoddis schließt, die beiden Strophen seien vermutlich bereits im Mai des Jahres 1910 niedergeschrieben worden, als Reaktion auf die gerade grassierende Furcht vor dem Halleyschen Kometen.

Johannes R. Becher, Kultusminister der DDR, blättert Anfang der 50er in jenen expressionistischen Zeitschriften, die er vierzig Jahre zuvor selber beliefert hatte. Er beklagt, »wie leblos veraltet« ihm viele der Beiträge nun vorkämen, fängt aber wieder Feuer, als er die Wirkung von »Weltende« nachkostet: »Diese zwei Strophen, o diese acht Zeilen schienen uns in andere Menschen verwandelt zu haben, uns emporgehoben zu haben aus einer Welt stumpfer Bürgerlichkeit, die wir verachteten und von der wir nicht wußten, wie wir sie verlassen sollten. Diese acht Zeilen entführten uns. Immer neue Schönheiten entdeckten wir in diesen acht Zeilen, wir sangen sie, wir summten sie, wir murmelten sie, wir pfiffen sie vor uns hin... Wir riefen sie uns gegenseitig über die Straße hinweg zu wie Losungen... Was war geschehen? Wir kannten das Wort damals nicht: Verwandlung... Alles, wovor wir sonst Angst oder gar Schrecken empfanden, hatte jede Wirkung auf uns verloren. Wir fühlten uns wie neue Menschen... und eine Unruhe schworen wir uns zu stiften, daß den Bürgern Hören und Sehen vergehen sollte und sie es geradezu als Gnade betrachten würden, von uns in den Orkus geschickt zu werden.«

Und noch jemand erinnert sich kurz nach Ende des Zweiten Weltkriegs der spannungsgeladenen Zeit vor Beginn des Ersten, der Schriftsteller und Verleger Alfred Richard Meyer. 1948 schreibt er, das Gedicht

»Weltende« habe ihn wie »Hunderte anderer Berliner« beunruhigt, alle vermutlich ebenfalls Mitglieder der Berliner Literatenszene: »Man kann sich heute beim besten Willen nicht mehr vorstellen, mit welcher Erregung wir abends im Café des Westens oder auf der Straße vor Gerold an der Gedächtniskirche sitzend und bescheiden abendschoppend, das Erscheinen des ›Sturm‹ oder der ›Aktion‹ erwarteten ... Wer stieg? Wer fiel? Alle Börsenberichte waren für uns von nebensächlicher Bedeutung. Wir selber waren die Marktwerte! Und jeder wußte darum. Wie heißt der neue Mann? Alfred Lichtenstein-Wilmersdorf. Und sein Gedicht ›Die Dämmerung‹ betitelt. Verdrängt das ›Weltende‹ des Jakob van Hoddis?«

An die Börse muß Meyer angesichts der konkurrierenden Dichter denken, heute fällt uns zu Werken, welche um die beste Plazierung konkurrieren, die Hitparade ein, folgerichtig nennt Helmut Hornbogen »Weltende« denn auch »einen Hit ohnegleichen«.

Es sollte der einzige Hit des Jakob van Hoddis bleiben. Kein anderes Gedicht seiner nicht sehr umfangreichen und äußerst schwankenden Produktion hatte auch nur den Hauch einer Chance, in die Charts zu kommen, zudem begannen sich beim Dichter bereits 1912 die Anzeichen jener geistigen Erkrankung zu zeigen, die ihn ab 1914 zu einem Pflegefall und schließlich zum Opfer nationalsozialistischer Ausrottung »unwerten Lebens« machte.

Um 1912 setzte auch die Wirkungsgeschichte seines Gedichtes ein, das anfangs unübersehbare, bald auch unabsehbare Folgen zeitigen sollte. Der von Meyer erwähnte Alfred Lichtenstein griff den neuen Tonfall auf und schuf daraus einen regelrechten Sound, aus welchem das Original kräftig herauszuhören ist:

Einmal kommt – ich habe Zeichen –
Sterbesturm aus fernem Norden.
Überall stinkt es nach Leichen.
Es beginnt das große Morden.

– so hebt sein Gedicht »Prophezeiung« an, und ebenso bös endet es nach drei bewegten Strophen, in welchen, zum Beispiel, »Mimen bersten. Mädchen platzen«:

Rissig werden Häuserwände.
Fische faulen in dem Flusse.
Alles nimmt ein ekles Ende.
Krächzend kippen Omnibusse.

Kippende Omnibusse contra fallende Eisenbahnen – diese Materialschlacht konnte nur zugunsten von van Hoddis enden. So sah es auch Franz Pfemfert, jener Mann, der 1911 van Hoddis gedruckt hatte und zwei Jahre drauf Alfred Lichtenstein und dessen Gedichte in der ›Aktion‹ vorstellte: »Ich glaube also, daß van Hoddis das Verdienst hat, diesen ›Stil‹ gefunden zu haben, Lichtenstein das geringere, ihn ausgebildet, bereichert, zur Geltung gebracht zu haben.«

»Diesen Stil« – was für einen Stil eigentlich? Als Kurt Pinthus 1919 seine berühmt gewordene »Symphonie jüngster Dichtung« herausgab, das Buch »Menschheitsdämmerung«, eine Sammlung von Gedichten des zurückliegenden Jahrzehnts, da ließ er sie mit »Weltende« beginnen. Nicht aus Gründen der

Chronologie. Wie schon der Untertitel sagt, wollte Pinthus keine der üblichen Anthologien zusammenstellen, sondern »den Zusammenklang dichtender Stimmen: man höre symphonisch. Es ertönt die Musik unserer Zeit, das dröhnende Unisono der Herzen und Gehirne.«

Unisono? Die »Marktwerte« des Alfred Richard Meyer als einträchtig harmonierende Menschheitssymphoniker? Derart extrem divergierende Blickwinkel legen es nahe, die Wahrheit irgendwo in der Mitte zu suchen, in jenem Schnittpunkt von Geschäftssinn und geistiger Musike, die man Kulturindustrie nennt und der wir jene mittlerweile immer penibler aufgefächerten Hitlisten verdanken, von der Volksmusik bis zur Belletristik.

Der Hit des van Hoddis leitet die »Menschheitsdämmerung« ein, ein wahrer Dauerbrenner, da zehn Jahre in der Kunstgeschichte eine lange Zeit sind, auf jeden Fall länger als zwanzig. Haltungen, Ausdrucksformen und Sehweisen zumal der modernen Kunst sind zehn Jahre nach ihrer Geburt erfahrungsgemäß gerade vollkommen out, weitere zehn Jahre später aber rüsten sich die wacheren Künstler und Kenner bereits zu jenem Revival, das dann dreißig Jahre später alle Welt voll nostalgischer Verklärung und voller Milde auf die erst so gefeierten, dann so geschmähten Produkte des Zeitgeistes bzw. zeiterfüllter Geister von anno dunnemals blicken läßt.

Ein ganz normales Schicksal, gegen das »Weltende« freilich auf wundersame Weise gefeit zu sein schien und scheint: Dasselbe Gedicht, das bei seinem Entstehen sogleich Bewunderer und Nachahmer fand, das 1919 die folgenreichste Sammlung jener Dichtung einleitet, die man, wie Pinthus schreibt, »die ›jüngste‹ oder die ›expressionistische‹ nennt« – dieser Achtzeiler erwies sich auch in der Folgezeit als Ohrwurm der zähesten Art. Während ein Großteil der expressionistischen Dichtung schon bald als ungenießbar galt, findet sich der »Weltende«-Tonfall nicht nur unüberhörbar in den Gedichten derjenigen, die dem O-Mensch-Pathos mit neuer Sachlichkeit den Garaus machten, sondern noch in weit späteren Werken: Er hat sich nicht nur durch Brecht und Kästner bis hin zu Ror Wolf hindurchgefressen und fortbewegt, er leuchtete auch dem Berliner Kunststudenten Horst Drexel dermaßen ein, daß der das Gedicht auswendiglernte und es den anderen Mitgliedern der Grafikklasse Hoffmann zur Teepause vortrug. Das war 1958, und einer der Zuhörer war ich; und auch mich begeisterte die Tatsache, daß dem Bürger vom spitzen Kopf der Hut flog, derart, daß ich diese und die Folgezeilen nicht nur ebenfalls bald hersagen konnte, sondern sie zudem noch mit einer Folge entsprechend grotesker Grafiken bebilderte.

Dreiundzwanzig Dichter hatte Kurt Pinthus in seiner »Menschheitsdämmerung« zusammentönen lassen, lediglich acht dieser Neutöner von 1919 nahm Hans Magnus Enzensberger in sein 1960 »eingerichtetes« »Museum der modernen Poesie« auf; mit »Varieté« und, natürlich, »Weltende« ist auch van Hoddis dabei. Ja, sein Gedicht scheint in überhaupt keiner Sammlung deutscher Gedichte zu fehlen, weder in jenen, welche die Ernte deutscher Lyrik insgesamt zusammentragen, noch in denen, die sich auf dieses Jahrhundert beschränken: Ich fand »Weltende« im Echtermeyer/von

Wiese, im Conrady, im Pratz – wahrlich ein echter Dauerbrenner.

Etwas in diesem Gedicht – sein rebellischer Hohn? seine bilderbuchhafte Lakonie? seine naiv drapierte Tücke? – ist offenbar nicht totzukriegen, und so wurde denn aus dem Smash-Hit von einst zuerst ein Oldie und dann ein Evergreen, ein rares, jedoch nicht einzigartiges Lyrik-Schicksal. Gedichte aus allen Jahrhunderten sind diesen Weg gegangen, von »Wer reitet so spät durch Nacht und Wind« bis zu »Und der Haifisch, der hat Zähne« – ein Vorgang, der den Schluß nahelegt, so etwas ereigne sich auch heute und werde in alle Zukunft so weitergehen. Aber tut es das auch?

Als Kunststudent der 50er las ich vorwiegend Gedichte aus den ersten drei, vier Jahrzehnten des Jahrhunderts – das mag man mit dem Nachholbedarf einer Generation erklären, die im Bewußtsein aufwuchs, sie müsse erst den Anschluß an eine abgerissene Geschichte finden, bevor sie sich auf die Suche nach eigenem oder zeitgenössischem Ausdruck machen könne.

Heute wüßte ich einige, wenige Lyrik-Hits der 50er zu nennen, hätte allerdings Schwierigkeiten, die der 60er, 70er oder gar 80er anzuführen. Weil ich sie nicht kenne? Weil es sie gar nicht gibt?

EVERGREEN-PARADE, 1989

Am 18. September 1988 begann der Rezitator Lutz Görner eine Tournee mit Goethes »Reinecke Fuchs«. Sie startete in der Kölner Philharmonie und führte ihn fast ein Jahr lang durch die Bundesrepublik. Bei insgesamt 98 Auftritten verteilte er Karten an das Publikum: »Diese drei Gedichte würde ich gerne hören«, stand da, sodann wurde nach »Autor, Titel« gefragt, um Name und Adresse gebeten sowie die Teilnahme an einer Verlosung in Aussicht gestellt.

Frucht dieser Umfrage war die Tonkassette »Das Poesiealbum, 25 Meisterwerke deutscher Lyrik von Goethe bis Fried«, und ein dem Tonträger beigegebenes Büchlein, in welchem Görner darüber berichtet, welche Ergebnisse die Umfrage erbracht und nach welchen Kriterien er sein Album zusammengestellt hat.

Wenn die Befragung von 2000 Bürgern ausreicht, das Wahl- oder Konsumverhalten eines Millionenvolkes einigermaßen präzis zu erfassen, so dürfen Görners Erkenntnisse über das Gedichtverhalten der Bildungsbundesbürger den Anspruch erheben, auf das strikteste abgesichert zu sein: Genau 10000 Fragebögen konnte er nach eigener Angabe berücksichtigen und in unterschiedlichsten Hitlisten auswerten. Da sind einmal die 75 meistgenannten Gedichte, wobei 1 % gleich hundert Nennungen bedeutet. Eine Hitparade, die anfangs noch ganz und gar einem Kanon verpflichtet scheint, der weit ins 19. Jahrhundert zurückreicht:

1. Goethe, Der Zauberlehrling, 20,75 %
2. Schiller, Das Lied von der Glocke, 10,10 %
3. Fontane, Herr Ribbeck auf Ribbeck, 8,75 %
4. Schiller, Die Bürgschaft, 7,70 %
5. Goethe, Der Erlkönig, 7,50 %

Erst auf Platz Sieben findet sich ein Gedicht, das an der Schwelle dieses Jahrhunderts entstanden ist, Rilkes »Panther« (4,70 %), erst auf Platz Vierzehn taucht ein Gedicht aus der Jahrhundertmitte auf, Celans »Todesfuge« (2,20 %). Je niedriger die Plätze, desto höher der Anteil der Dichter nach 1900 – mit 0,80 % konnte auch das »Weltende« des Jakob van Hoddis einen achtbaren fünfundvierzigsten Platz erringen –, lebende Dichter freilich sucht man fast vergeblich: Einzig Ernst Jandl hat es geschafft, mit »Ottos Mops« und 0,90 % in die Liste und auf Platz Einundvierzig zu kommen.

Görner hat sein Material noch nach anderen Gesichtspunkten aufgeschlüsselt, nach der Häufigkeit der Nennungen von einzelnen Dichterinnen und Dichtern, nach der Zahl der verschiedenen Gedichte, die von *einer* Dichterin oder *einem* Dichter genannt wurden –: Stets tauchen die gleichen zwanzig Namen in unterschiedlicher Zusammensetzung auf, fast immer führt Goethe, immer ist es Jandl, der allein die lebendige Dichtung unserer Tage verkörpert.

»Daß von den 20 beliebtesten Dichterinnen und Dichtern 10 aus diesem Jahrhundert stammen, ist beruhigend«, schreibt Görner und weist darauf hin, daß es Brecht mit 14,85 % immerhin auf Platz 4 gebracht habe.

»Wenn ein paar Verse von einem noch ein paar Jahre übrigbleiben, ist das schon enorm, auch an einen Kunstbesitz oder Kunstgedächtnis dieses Volkes kann man kaum noch glauben – will vielleicht auch gar nicht mehr dazu gehören, Ringelnatz u. Morgenstern u. Busch sind wohl die Höhen seiner metaphysischen Reichweite u. die Leckerbissen seines artistischen Appetits«, hatte Gottfried Benn 1946 dem Brieffreund Oelze geklagt. Könnte er Görners Liste lesen, er sähe sich zugleich bestätigt und widerlegt. Zwar beherrscht ein festgefügter Komikerblock das Mittelfeld der

Meistgenannten – 7. Busch 8. Kästner 9. Tucholsky 10. Ringelnatz 11. Morgenstern –, doch auch Benn selber gehört noch zu den Top Twenty; mit 2,05 % belegt er den neunzehnten bzw. zwanzigsten Platz, da Jandl und er prozentgleich das Schlußlicht bilden.

Ganz beruhigende Daten – doch Görner hat auch darin recht, wie er seinen so tröstlich begonnenen Satz zu Ende führt: ». . . wenn auch der Anteil der lebenden Dichterinnen und Dichter erschreckend gering ist.«

Er versucht eine Erklärung des erschreckenden Sachverhalts – »Nicht überraschend ist, daß Lyriker, die nicht im Deutschunterricht vorkommen, es schwer haben, bekannt zu werden« –, doch das ist, fürchte ich, nur die eine Seite der melancholisch stimmenden Medaille. Die Kehrseite sind die Dichter selber, deren Bedürfnis oder deren Fähigkeit, so etwas wie Ohrwürmer zu schreiben, in den letzten vierzig Jahren kontinuierlich abgenommen zu haben scheint. Wie es sich damit verhält und weshalb das so ist, wird uns noch beschäftigen. Vorerst soll der Blick in zwei weitere Bücher Görners Befund erhärten.

Da ist einmal der »Geflügelte Worte« betitelte »Klassische Zitatenschatz«, ein Werk, das 1864 erstmals von Georg Büchmann zusammengestellt und seither fortlaufend ergänzt worden ist. 135 Seiten umfaßt das Kapitel »Aus deutschen Schriftstellern«, mit Morgenstern taucht acht Seiten vor Schluß erstmals ein Dichter dieses Jahrhunderts auf, gefolgt von Rilke (»Herr, es ist Zeit«), Brecht (»Nur wer im Wohlstand lebt, lebt angenehm«) und Kästner (»Einst haben die Kerle auf den Bäumen gehockt«). Sie alle sind lediglich mit wenigen Zeilen und mit nicht immer einleuchtenden Beispielen vertreten – so fehlt Kästners nun wahrlich geflügeltes »Es gibt nichts Gutes, außer man tut es« –, dennoch verwundert nicht, daß der Büchmann als Belege dichterischer Breitenwirkung in den letzten Jahrzehnten keine Zitate aus Werken mehr anführt, sondern lediglich Werkstitel: »Die Plebejer proben den Aufstand«, »Die Artisten in der Zirkuskuppel: ratlos«, »Die Angst des Tormanns beim Elfmeter« – alles hundertfach von Journalisten abgewandelte Schauspiel-, Film- und Prosatitel also. Eine einigermaßen zweifelhafte Ehre, dieses Verwurstetwerden, zugegeben, doch stimmt zumindest nachdenklich, daß sie auch nicht einer der zahllosen Gedichtpublikationen der Nachkriegszeit zuteil wurde, nicht der »Anrufung des Großen Bären« und nicht den »Vorzügen der Windhühner«, nicht der »Verteidigung der Wölfe« und nicht dem »Katzenkopfpflaster« – um nur die bekannteren Titel der jüngeren lyrischen Menagerie zu nennen.

Dreifach kontrolliert hält besser – rasch noch ein letzter Blick in die materialreichste Gedichtsammlung der letzten Jahrzehnte, in »Das große deutsche Gedichtbuch«, herausgegeben von Karl Otto Conrady, erschienen im Jahre 1977. Ein ebenso voluminöses wie verdienstvolles Werk, das auf 1100 großen, eng bedruckten Seiten vom Wessobrunner Gebet (vor 814) bis Jürgen Theobaldy (geb. 1944) neben einem Hausschatz bekannter Gedichte aus den dazwischenliegenden Jahrhunderten auch sehr viel weniger Vertrautes und ganz Unbekanntes dieser Epochen enthält, wobei selbst Autoren zur Sprache kommen – und somit überprüft werden können –, denen sonst gerne das Wort abgeschnitten wird, sei es aus politischen, sei es aus künstlerischen Gründen, Dichter wie Agnes Miegel oder Josef Weinheber, Werner Bergengruen oder Manfred Hausmann.

Eine verdienstvolle Auswahl, da sie belegt, daß das Überleben der Gedichte zwar vom Unterricht mitbestimmt werden mag, letztlich aber von ganz anderen und viel vertrackteren Faktoren als Schulbuch und Lehrplan abhängt. Die Schulbücher meiner Oberstufenjahre – Abitursjahrgang 1956 – waren noch voll von den formvollendeten Gedichten der Dichter der »heilen Welt«, den bereits Genannten also, sowie Rudolf Alexander Schröder, Hans Carossa oder Reinhold Schneider – keiner von ihnen taucht auf Görners Liste auf, keine Zeile, kein Gedichtanfang dieser äußerst fruchtbaren Traditionalisten hat offenbar den Weg ins Ohr oder gar ins Herz der Nachgeborenen gefunden; auch der Büchmann nennt von ihnen allen lediglich den Titel einer Gedichtsammlung, Werner Bergengruens »Die heile Welt«.

Freilich gilt diese Folgenlosigkeit auch für die im Conrady breit vertretenen jüngeren Lyriker, wobei jünger bereits ist, wer in diesem Jahrhundert geboren wurde. Wie gründlich ich auch im »Gedichtbuch« blätterte, wieder bestätigten sich der von Görner berichtete Befund und die im Büchmann gemachte Erfahrung: Die Jahrhundertwende stellt sich als fast magische Dichterscheide dar. Eugen Roth (geb. 1885), Bertolt Brecht (geb. 1898) und Erich Kästner (geb. 1899) sind die letzten, denen während der folgenden Jahrzehnte mit einer gewissen Regelmäßigkeit Verse gelangen, welche in den Sprach- und Denkschatz zumindest der gebildeten Kreise unseres Volkes eingegangen sind;

den danach geborenen Dichtern glücken solch suggestive Formulierungen nur vereinzelt oder lediglich für Einzelne: Die »Todesfuge« und eine Zeile wie »Der Tod ist ein Meister aus Deutschland« stehen im Werk Paul Celans ebenso allein, wie es jene Lyrikleser hier und heute sind, die für sie wichtige Zeilen Enzensbergers, ein ihnen liebes Gedicht Rühmkorfs, eine sie betreffende Formulierung Höllerers oder eines der vielen Gedichte all der anderen Dichter memoriert haben und zu zitieren imstande sind, ohne doch über diese Zeilen kommunizieren zu können, da es sich dabei um ein Privat-, fast ein Geheimwissen handelt.

Immerhin sorgen diese Einzelnen dafür, daß weder der Lyrikernachwuchs, noch der Gedichtnachschub erkennbar nachlassen. Gedichtet wird, und davon singen Lektoren wie Kritiker ein manchmal fast verzweifelt klingendes Lied, wie zu Zeiten der Goldschnitt-Lyrik; nur daß diese breite Produktion offenbar nicht mehr in die Breite wirkt, sondern in immer enger werdende Zirkel kanalisiert, richtiger gesagt: in immer weniger werdenden Individuen atomisiert wird. Warum läuft das so?

FRAGESTUNDE

Ist es denn überhaupt die Aufgabe der Dichter, Hits zu schreiben? Ist nicht die Lyrik diejenige Gattung, die es dem Dichtenden nicht nur erlaubt, Ich zu sagen, sondern ihm Subjektivität geradezu abverlangt? Und folgt daraus nicht, daß solch dichterischem Reden all jene Qualitäten zwangsläufig fehlen müssen, die dem Hit eigen sind: Attraktivität, Plausibilität und Suggestivität?

– Abgesehen davon, daß in dieses Lyrik-Korsett weder Lehrgedicht noch Erzählgedicht passen: Zu den erfolgreichsten Gedichten aller Zeiten gehören selbstredend jene, in welchen ein liebendes, häufiger leidendes Ich ebenjene Empfindungen gebündelt zum Ausdruck brachte. Von »Du bist mîn, ich bin dîn« bis »Einsamer nie als im August« spannt sich die ununterbrochene Kette ebenso eindringlicher wie erfolgreicher Versuche, die ungestalte Welt wirrer Gefühle auf den Begriff zu bringen oder so in Bilder zu überführen, daß Leidende und Liebende ihren Zustand nicht eigens oder gar in eigene Worte fassen mußten, sondern sich vermittels bewährter und allgemeinverständlicher Zweideutigkeiten verständigen konnten, Formulierungshilfen, die dem Selbstverständnis ebenso zu dienen vermochten – »›Wer nie sein Brot mit Tränen aß‹ – genau wie ich jetzt!« – wie der Verständigung mit anderen:

Lotte und Werther kennen einander noch nicht lange. Gerade haben sie festgestellt, daß sie beim Tanzen harmonieren, gleich werden sie einen weiteren, verhängnisvolleren Gleichklang feststellen ...

»Wir traten ans Fenster. Es donnerte abseitwärts, und der herrliche Regen säuselte auf das Land, und der erquickendste Wohlgeruch stieg in aller Fülle einer warmen Luft zu uns auf. Sie stand auf ihren Ellenbogen gestützt, ihr Blick durchdrang die Gegend, sie sah gen Himmel und auf mich, ich sah ihr Auge tränenvoll, sie legte ihre Hand auf die meinige und sagte: – Klopstock! – Ich erinnerte mich sogleich der herrlichen Ode, die ihr in Gedanken lag, und versank in dem Strome von Empfindungen, den sie in dieser Losung über mich ausgoß.«

Klopstock – weiter nichts. Da ist keine Gedichtstrophe vonnöten, keine Gedichtzeile, nicht einmal der Gedichttitel »Frühlingsfeier« – der Dichtername genügt. Zwei Silben entbinden einen Strom von Empfindungen: Goethe macht uns zu Zeugen einer Kommunikationsbeschleunigung, von der die jungen Menschen von heute nur träumen können, wenn sie sich, von den Dichtern unserer Tage im Stich gelassen, angesichts eines gewaltigen Naturschauspiels und eines noch unbekannten, dunkel lockenden Partners mit dem kurrenten Betroffenheitsjargon behelfen müssen: Du, ich weiß nicht, mir gibt so ein Gewitter unheimlich viel, also auch emotional – was macht Regen eigentlich mit dir?

Ist es nicht reichlich unhistorisch gedacht, der Kunst von heute eine Leistung mit dem Hinweis darauf abzuverlangen, die habe sie in der Vergangenheit ja auch schon erbracht? Jahrtausendelang waren die Dichter als einzige dazu autorisiert, außerhalb der Institutionen »Ich« zu sagen, und ebenso lange Zeit machten sie ihren Lesern Mut, ihnen darin zu folgen – heute müssen sie sich dieses Vorrecht mit Psychologen und Psychoanalytikern teilen. Ebenfalls durch die Jahrtausende mußten die Dichter, um zu überleben, die Mächtigen lobpreisen und besingen – heute findet der des Worts Mächtige ein weniger peinliches und sehr viel angenehmeres Auskommen in Werbe- und PR-Agenturen. Wie, wenn die besseren Federn seit der Jahrhundertwende vermehrt in Wissenschaft und Vermarktung abgewandert wären? In Sätzen wie »Wo Es ist, soll Ich werden« oder »Für eine Camel geh ich meilenweit« ist doch auch vom Ich die Rede, und Ohrwurm-Qualitäten sind diesen Aussagen ebenfalls nicht abzusprechen – oder?

– Keineswegs, nur sollten solche gelungeneren Sätze nicht den Blick darauf verstellen, wie uninspiriert und schwerfällig die Sprache der erwähnten Fächer normalerweise daherkommt. In Psycho-Zungen redete ich bereits, ein Wort zur Sprache der Werbung: Wer keine anderen Kühnheiten und Novitäten anzubieten hat als Komposita wie »aprilfrisch« oder Kalauer wie »Die große Peerspektive« – für die Zigarette Peer –, der fällt 1990 hinter die Hymnen des jungen Goethe von 1770ff. und Reizwörter wie »jünglingfrisch« oder gar »Knabenmorgenblütenträume« ebenso zurück, wie er dem berühmten »famillionär« hinterherhinkt, das der Heinesche Hühneraugenoperateur benutzte, um das Verhalten des Barons Rothschild ihm gegenüber auf eine einprägsame Formel zu bringen.

Verspätungen und Verdünnungen, die ihre Ursache darin haben, daß die Sprache der Psychologen und Werber nicht unbedingter sein kann als die Zwecke, für die sie eingesetzt wird: Wer erklären oder verkaufen will, der kann, nein darf nicht fluchen, hadern, leiden, verdammen, anbeten, veräppeln, verteufeln, verehren oder erschauern. Mit lila Kühen, Marlboro-Pferden, Perwoll-Lämmchen, Bärenmilch-Bären, Puma-Pumas, Esso-Tigern und Fernet-Branca-Adlern versucht die Werbung, sich die Natur untertan zu machen, und wird sie doch nie gänzlich besetzen können:

Es gibt zwei Sorten von Ratten:
Die hungrigen und satten

Heine spricht ebenso locker wie lapidar aus, was alle Produktwerbung auf ewig verschweigen muß: Daß es Ratten gibt, daß es Unterschiede gibt, daß das Folgen für uns alle hat:

O wehe! Wir sind verloren,
Sie sind schon vor den Toren!

Und so fortan: Zur Not kann ich mir vorstellen, daß Simone angesichts einer sonnigen Almwiese voller Kühe nach der Hand von Oliver greift und »Milka« flüstert. Vielleicht wird er sich dabei auch noch der herrlichen Anzeige erinnern, die ihr in Gedanken lag – doch in welchen Strom wiebeschaffener Empfindungen sollte Oliver sodann versinken? Und welches Werbekürzel könnte Simone ihm zuflüstern, wenn die liebliche Szenerie plötzlich von einem Gewitter überzogen würde? Ich weiß von keiner Werbeanstrengung, irgendein Produkt dauerhaft mit positiv besetztem schlechtem Wetter in Verbindung zu bringen, also auch keinen Ersatz für »Klopstock«.

Ist es nicht herzlich wohlfeil, das Dichterwort vor der Folie platter Produktwerbung erstrahlen zu lassen? Noch dazu das eines Klassikers aus dem 18. Jahrhundert? Sie selber haben bereits eingeräumt, daß kein heutiger Dichtername bei Gewitter weiterhilft. Könnte sich die Simone dem Oliver denn über den Namen auch nur eines Dichters von heute verständlich machen – beim Anblick welcher Natur- oder Zivilisationserscheinung auch immer?

– Nun Sie könnte »Hahn« oder »Kirsch« oder »Maiwald« sagen, sollte allerdings sichergehen, diese Worte möglichst vor einem Hühnerhof, in einer Spirituosenhandlung oder angesichts eines Frühlingswäldchens auszusprechen, da Oliver sonst vermutlich nur »Bahnhof« verstünde. In diesem Punkte sind wir uns einig: Keine der angeführten Dichterinnen, überhaupt kein Dichter unserer Tage hat es geschafft, seinen Namen qua Werk untrennbar mit einem Ausschnitt der Erscheinungs- bzw. Gefühlswelt zu verbinden, was meint, diesen Ausschnitt erst einmal zu entdecken, wenn nicht gar zu erfinden.

Zweifellos hatten deutschsprachige Menschen bereits vor Klopstock Frühlingsgefühle, jedoch nicht – da niemand zuvor *so* vom Frühling geredet hatte – solch überströmende wie die Klopstockschen:

Nicht in den Ozean der Welten alle
Will ich mich stürzen! schweben nicht,
Wo die ersten Erschaffnen, die Jubelchöre der Söhne des Lichts,
Anbeten, tief anbeten und in Entzückung vergehn!
Nur um den Tropfen am Eimer,
Um die Erde will ich schweben und anbeten!

Selbstverständlich hatte der Frühlingssturm zu allen Zeiten auch Deutsche erschauern lassen, doch nie zuvor war er in solch wogende und bewegende Worte gefaßt worden wie der Klopstocksche:

Und die Gewitterwinde? Sie tragen Donner!
Wie sie rauschen! Wie sie mit lauter Woge den Wald durchströmen!
Und nun schweigen sie. Langsam wandelt
Die schwarze Wolke.

Fraglos hatten zu allen Zeiten die Frühlingswürmchen – aber nein: So etwas wie ein Frühlingswürmchen gibt es wohl erst seit Klopstock, vermutlich auch nur bei ihm. Mir jedenfalls ist in späterer deutscher Dichtung nie wieder ein so verspieltes und zugleich so verletzliches Tierchen über den Weg gekrochen, wie das Klopstocksche:

Aber du, Frühlingswürmchen,
das grünlichgolden neben mir spielt,
Du lebst – und bist vielleicht,
Ach, nicht unsterblich!

Unsterblich aber schien, zunächst jedenfalls, der Frühling der Dichter. Dem Klopstockschen folgten der Goethe-, der Eichendorff-, der Uhland-, der Mörike- und der Heine-Frühling, eine vermeintlich unerschöpfliche Saison, nur übertroffen vom Herbst, der zweideutigsten und daher poetisch einträglichsten Jahreszeit. Was haben die Dichter nicht alles in ihn hineingesehen, ihm abgelauscht, aus ihm herausgeholt!

Der junge Goethe sieht die letzte Fülle:

Fetter grüne, du Laub,
Am Rebengeländer,
Hier mein Fenster herauf!

Mörike sieht die ersten Nebel:

Im Nebel ruhet noch die Welt,
Noch träumen Wald und Wiesen

Hebbel sieht das Innehalten:

Dies ist ein Herbsttag, wie ich keinen sah!
Die Luft ist still, als atmete man kaum

Storm sieht mit gemütlichem Blick:

Der Nebel steigt, es fällt das Laub;
Schenk ein den Wein, den holden!

Trakl sieht mit verklärendem Auge:

Gewaltig endet so das Jahr
Mit goldnem Wein und Frucht der Gärten

Rilke sieht das Vergehen:

Herr, es ist Zeit. Der Sommer war sehr groß

Benn sieht das, was dem Vergehen noch standhält:

Astern – schwälende Tage
alte Beschwörung, Bann

So viele Dichter, so viele Herbste! Doch nach Benn – ich blättere immer noch im Conrady – werden die Herbste unversehens immer seltener, immer unpersönlicher, immer uninteressanter, bis Günter Bruno Fuchs vom Herbst nur noch in Form einer »Herbst-Werbung« zu reden vermag, also unter Verzicht auf eigenen Blick und eigene Sprache:

Hier sehen Sie den Herbst! Ein Freund
jeder Familie, die Hausfrau
schätzt seinen sparsamen
Blätterverbrauch. Ohne Nachnahme

Na und so weiter, es lohnt nicht, dieser dichterischen Bankrotterklärung auch nur eine Zeile länger zuzuhören.

Nein? Dann hörte ich gerne etwas von Ihnen: Geht Ihnen Ihr Lamento nicht allmählich selber auf den Zeiger? Es gibt keine Frühlingsgedichte mehr, es gibt keine Herbstgedichte mehr – müssen diese Genres denn ewig leben? *Können* sie denn überleben in einer Zeit, da ganze Urformen der Dichtung wie die Ballade dahinwelken und verscheiden, und das unbemerkt und unbetrauert? Allein Peter Hacks hat es versucht, sie in Tat und Reflexion wiederzubeleben. Kennen Sie seinen 1985 veröffentlichten »Versuch über die Ballade«, der »Urpoesie, oder: Das scheintote Kind« überschrieben ist? In einigen Punkten ähnelt seine Argumentation durchaus der Ihren: »Unter den Schlagern sind solche, die balladeske Züge aufweisen. Jede Ballade aber will und sollte ein Schlager sein«, heißt es da, worauf sich auch Hacks ans Zählen und Gewichten macht: »Von den hundert Balladen, die die Deutschen besitzen, sind je ein Viertel von Goethe, Schiller und Heine, und das verbleibende Viertel von sonstigen Dichtern verfaßt. Unter denen wieder haben manche – Bürger, Chamisso, Uhland, Freiligrath, Geibel und Fontane – der Gattung Dienste erwiesen. Andere – Müller, Rückert, Schwab, Platen, Droste, Strachwitz, Scherenberg, Kopisch, Lenau, Vogl, Mörike, Schack und Dahn – hatten gelegentlich Glück und sollen für das Glück, das sie hatten, gelobt sein.

Mit anderen Worten: Die Gesamtmenge der ungefähr fünfundzwanzig deutschen Balladen, welche nicht von den drei Großen, sondern von dem besagten Rest stammen, benötigte zu ihrem Dasein nicht weniger als neunzehn Urheber.«

Seit Heine also geht's bergab, am Ende aber steht unausweichlich »das zwanzigste Jahrhundert, worin von Ballade nun endgültig die Rede nicht länger sein kann« – ist dieses Verstummen der Dichter in Sachen Ballade denn derart beklagenswert? Und gilt das Rezept, das Hacks der Ballade verschreibt, auch für die von Ihnen beklagten lyrischen Defizite der Zeit?

»Um die Dichtkunst der Verkommenheit, worin sie ist, zu entreißen, soll mir jedes Mittel recht sein, selbst Aufklärung ... Ich ertrage Unvernünftiges nicht mehr, wenigstens zur Zeit nicht, und nicht einmal zum poetischen Spaß ... Nehme sie also selbst an der Schönheit Schaden – woran die Ballade im jetzigen kranken Menschheitsaugenblick einzig gesunden kann, ist Nachahmung, Nachahmung, Nachahmung« – würden auch Sie den Dichtern von heute diese Roßkur empfehlen?

– O nein! Denn das hieße ja noch mehr Unpersönlichkeit, noch mehr Ängstlichkeit, noch mehr Rückversicherung. Daran aber herrscht in heutiger Dichtung wahrlich kein Mangel, auch an Vernünftigkeit übrigens nicht. Wohin die schlichte Nachahmung den Dichter führt, haben dichtende Nachahmer seit der zweiten Hälfte des vorigen Jahrhunderts vorgeführt. Wenn der Traditionalist und spätere Nationalsozialist Will Vesper seine vielgelesene »Ernte der deutschen Lyrik« – »Erste Auflage 1906, 40. Auflage 327.–331. Tsd.: September 1940« – mit Paul Ernst (1866–1933) endet, und wenn der sich allen Ernstes in der Goethe-Nachfolge versucht und am Vorbild der »Urworte Orphisch« sowie am Hohen Ton dieser Stanzen vergreift, dann belegt bereits ein einziger Schlußreim einer wahllos herausgegriffenen Strophe den ganzen Unsinn, ja die vollständige Verderbtheit solchen Tuns:

Es wächst der Mensch im Schlaf zu höhern Zwecken;
Zu breiterm Sein muß ihn die Sonne wecken

wenn sie ihn nicht schon in aller Herrgottsfrühe breit wie eine Natter vorfindet.

Und auch einem hellen Balladentheoretiker wie Peter Hacks war in der Praxis der Balladendichtung – nicht der Dichtung überhaupt! – wenig Glück beschieden, was eine lachhaft verrutschte Strophe aus seiner sehr ernst gemeinten Ballade »Tod Lumumbas« auf die Schnelle belegen mag:

Lumumba durch den Urwald floh
Mit Okito und M'Polo

Nein, nein: Nicht zu Nachahmung und Regeltreue rate ich, sondern zum Mut zur Eigenart und zum unbedenklichen Aufkündigen von Übereinkünften; wobei diese Aufkündigung dann, wenn die Übereinkunft Reim- bzw. Regellosigkeit vorschreibt, auch darin bestehen kann, den Reim hochzuhalten bzw. die Regel neu zu begründen. Vor allem aber insistiere ich darauf, daß jede Kunst desto mehr eine Kunst ist, je entschiedener der Künstler sich gewillt zeigt, das nach Maßgabe seiner Möglichkeiten unbedingteste Risiko einzugehen.

Wie ist das zu verstehen? Erklären Sie sich deutlicher!
– Mit dem größten Vergnügen:

DICHTER 1919 – DICHTER 1989

Vergleiche hinken, und so viel weiß ich: Der Vergleich, den anzustellen ich mich anschicke, braucht Krücken der tragfähigsten Sorte. Dennoch hoffe ich, daß es sich lohnt, dem Humpelmann ein wenig zu folgen. Ich vermute nämlich, daß er einige Schritte auf jenem Wege zurücklegen wird, der irgendwann zum Ziel der Erkenntnis führt – wenn denn ersterer nicht bereits letzteres ist.

Zwei Gedichtbücher möchte ich vergleichen. Eines wurde bereits genannt, die »Menschheitsdämmerung« von, wir erinnern uns, 1919. Das andere Buch aber nennt sich »Luchterhand Jahrbuch der Lyrik 1988/89«, wurde herausgegeben von Christoph Buchwald und Friederike Roth, und ist zumindest darin der »Menschheitsdämmerung« verwandt, daß es die 78 versammelten Dichter und ihre ca. 100 Gedichte so gruppiert, daß sie, wie der Klappentext sagt, »dialogisieren« – »Zusammenklang« war, wie erinnerlich, das Ziel der Pinthusschen Sammlung gewesen.

Die Unterschiede freilich überwiegen. Das »Jahrbuch« hat 158 Seiten, die »Menschheitsdämmerung« deren 380. Das »Jahrbuch« versammelt Gedichte eines Jahres, die »Menschheitsdämmerung« die eines Jahrzehnts. Deren Dichter wiederum gehören so gut wie alle einem Jahrgang an, dem von plusminus 1890, lediglich Theodor Däubler, Else Lasker-Schüler und August Stramm wurden bereits in den 70ern geboren. Die Gedichte der »Menschheitsdämmerung« stammen also fast durchweg von Jünglingen zwischen zwanzig und dreißig Jahren, die Autoren des »Jahrbuchs« dagegen eint keine vergleichbare Klammer: 1915 wurde der Senior geboren, Karl Krolow, 1963 die Juniorin, Uta-Maria Heim; das Durchschnittsalter dürfte bei 40 liegen.

1959 blickte Kurt Pinthus, der Herausgeber der »Menschheitsdämmerung«, zurück: »Nach vierzig Jahren«, überschrieb er sein Vorwort der Neuausgabe, das dritte nach denen von 1919 und 1922, und zart rührte er auch an jenen wunden Punkt der Anthologie, auf den ich einen entschieden weniger sensiblen Finger zu legen vorhabe: »Als die Neu-Ausgabe geplant wurde, warf man die Frage auf: soll die Sammlung up-to-date gebracht, Veraltetes, Ungenießbares, vielleicht Lächerliches herausgeworfen werden?«

Glücklicherweise bestand Pinthus auf dem historisch getreuen Nachdruck, und so wurde auch meiner Generation einer der anrührendsten Gedichtbände deutscher Zunge überliefert.

»Vielleicht Lächerliches« –? Ich kaufte das Taschenbuch der »Menschheitsdämmerung« 1964, und seither hat es nicht aufgehört, mich auf sehr eigene und eigenartige Weise zu erheitern. Natürlich nicht auf jeder Seite und bei der Lektüre eines jeden Dichters, aber doch so häufig und verläßlich, daß nicht mehr von zufälligen Ausrutschern oder dem einen oder anderen unbedarfteren Poeten die Rede sein kann. Der ganzen Unternehmung sind Möglichkeit und Gefahr unfreiwilliger Komik derart wesenseigen, daß mich bei heutiger Lektüre weniger die mißratenen, denn die gelungenen Beispiele verwundern. Die Unternehmung aber heißt selbstredend Expressionismus bzw. Ausdruckskunst bzw. »charakteristische Dichtung jener Jugend, die recht eigentlich als die junge Generation des letzten Jahrzehnts zu gelten hat, weil sie am schmerzlichsten an dieser Zeit litt, am wildesten klagte und mit leidenschaftlichster Inbrunst nach dem edleren, menschlicheren Menschen schrie« – Kurt Pinthus im Vorwort von 1919.

Diese Jugend war 1919 bereits durch den Krieg gegangen; einige wie Lichtenstein, Stramm, Lotz und Stadler waren im Krieg gefallen, doch sollte dieses Wissen nicht den Blick darauf verstellen, daß die meisten Gedichte der »Menschheitsdämmerung« noch aus Friedensjahren stammen, in welchen zivilisationsmüde, erlebnishungrige und rimbaudtrunkene Jünglinge gleichgesinnten Freunden imponieren und spitzköpfige Bürger erschrecken wollten, ohne doch sehr viel mehr von der Welt zu kennen, als bürgerliches Elternhaus, Schule, Kontor und Café:

So hab ich nachbarlich alle Zonen gesehen,
Rings von den Pulten grünten die Inseln der Welt,
Ich fühlte den Erdball rauchend sich unter mir drehen,
Zu rasender Fahrt um die Sonne geschnellt. –

Da warf ich dem Chef an den Kopf seine Kladden!
Und stürmte mit wütendem Lachen zur Tür hinaus.
Und saß Tage und Nächte mit satten und glatten
Bekannten bei kosmischem Schwatzen im Kaffeehaus.

Und einmal sank ich rückwärts in die Kissen,
Von einem angstvoll ungeheuren Druck zermalmt. –
Da sah ich: Daß in vagen Finsternissen
Noch sternstumme Zukunft vor mir qualmt.

Qualmende Zukunft sieht Ernst Wilhelm Lotz in der elften und letzten Strophe seines »Glanzgesangs« vom Bett aus; Walter Hasenclever dagegen schaut in fremde Betten und erblickt dort Schaum:

Geliebte Fraun! Wo mögt ihr heute träumen!
In was für Betten dunkel euch verschäumen.

Fraun! Er hat sie alle gehabt, der Jüngling Hasenclever, geb. 1890 in Aachen, aber er weiß auch, wie anderen, weniger glücklichen Jünglingen zumute ist. »Der Jüngling. Gedichte« heißt seine vierte Veröffentlichung – nach »Nirwana. Eine Kritik des Lebens in Dramaform« (1908), nach »Städte, Nächte und Menschen. Erlebnisse« (1910), nach »Das unendliche Gespräch. Eine nächtliche Szene«, 1913 – und »Mein Jüngling, du« ist eines der Gedichte aus »Der Jüngling«, 1913, überschrieben:

Mein Jüngling, du, ich liebe dich vor allen,
Du bist mein eigen Bild, das mir erscheint!
Ich sehe dich in manchen Teufelskrallen;
Gewiß, du bist nicht glücklich, hast geweint.
Du liebst zu schmerzlich oder harrst vergebens,
Dein Vater, deine Wirtin macht dir Qual,
Du zuckst in der Verwildrung deines Lebens,
Dein Geist wird bürgerlich, dein Kopf wird kahl.
Willst du nicht mit mir gehn und mich erhören!
Sieh, auf die gleichen Klippen schwimm ich ein.
Einst auf Prärien, jetzt in Geisterchören
Will ich dich rufen und will bei dir sein!

Da ist sie wieder, die jähe Verschränkung von entrükkender Ferne (Prärien) und bedrängender Nähe (Wirtin), die bereits Lotzens lyrische Welt in ein solch abenteuerliches, geradezu bengalisches Licht getaucht hatte. Zwar muß der Literat Hasenclever nicht an Pulten leiden, weiß vielmehr bereits ein Lied von erster Anerkennung zu singen:

Aufschäumt der schönen Jugend Melodie,
Gesicht und Ruhm und erstes Zeitungswort

doch die Lokale, in denen er verkehrt, lassen die kosmischen Kaffeehäuser des Ernst Wilhelm Lotz ziemlich spießbürgerlich aussehen:

Noch sind Lokale mitternacht-erfüllt,
Geheul von Bürgern, die wir langsam töten.

Gar so wild geht es in den Cafés des gleichaltrigen Prager Jünglings Franz Werfel nicht zu, aber ganz schön wild schon:

Unter dem vogellosen Himmel wilder Cafés
Sitzen wir oft, wenn die Stunde der Schwermut schwebt!

Zwei Zeilen, um derentwillen ich Werfel stets ein ehrendes, ja liebendes Andenken bewahren werde – wer hätte je das schlichte Straßencafé packender dämonisiert? – doch der Dichter im Café entrückt uns in seinem Gedicht »Die Träne« in weit befremdlichere Fernen:

Tiefer blühet die Pflanze der Fremde auf.
Schließt du die Augen, so fahren zusammen
Eise des Pols,
Und es schluchzt der alte Fjord

Merken wir uns, daß da mitten im Café ein Meerarm leidet, folgen wir sodann der Aufforderung Werfels:

Schlage die Augen auf!

und lassen wir uns nun von ihm des Rätsels Lösung verraten:

Dort an dem Tisch die schwarze Dame,
Plötzlich erklingend
Weint sich das Fräulein in seine Hände hin.

Die Verwandlung des alten Fjords in ein in sich hineinweinendes Fräulein mag für manchen etwas unvermutet kommen, doch wer diese Klippe gemeistert hat, der wird auch die rasende Fahrt über den Rest des Werfelschen Tränenmeeres überstehen:

Was noch Alleinheit war, wirft sich einander zu.
Und die weinende Stimm' bindend wird zum Gesetz...

Scherben wir alle, werden im Weinen Gefäß.
Wer die Träne erkennt, weiß der Gemeinschaft Stoff.
Ozean sind wir, Brüder, und fahren,
Ewig fahren
Barken wir auf dem Weltmeer des Herzens hin.

»Werfel!« könnte SIE beim Anblick einer weinenden Kaffeehausbesucherin IHM mit Fug und Recht zuflüstern, und angesichts der odenhaften Wassermassen dürfte ER IHR durchaus mit »Klopstock!« antworten, stünde da nicht mitten in all dem Fließen jener eine Satz, der das ganze Gewoge jäh zum Stocken bringt:

Die Menschen stehen alle und weinen,
Strömen heilig,

so weit, so flüssig, aber jetzt:

Selbst das Tablett in der Hand des Kellners bebt.

Selbst... Man hat ja schon Pferde schluchzen sehen, doch daß Toni, der Zahlkellner vom »Wilden Café«

jemals auch nur einen Hauch von... Und nun zeigt selbst er Wirkung... Heilig, heilig, heilig!

Alles ist, wenn du liebst!
Dein Freund wird Sokrates, wenn du's ihm gibst

versichert Werfel in einem anderen Gedicht, und er wird nicht müde, den Leser auf immer neue verborgene Schönheiten des Lebens hinzuweisen:

Sahst du die wilden Augen
Buckliger Bauernmädchen?
Sahst du, wie sie sich langsam
Weltdamenhaft verschleiern?

fragt er und setzt noch einen drauf:

Sahst du die schönen Hände
Durchfurchter Nachtgendarme,
Wenn sie den Hund liebkosen
Mit grobem Liebeswort?

Das ist die Frage. Und *das* ist Werfels einziger Wunsch:

Mein einziger Wunsch ist, dir, o Mensch, verwandt zu sein!

Ein Verlangen, welches er damit begründet, er habe alle Schicksale durchgemacht:

Ich weiß
Das Gefühl von einsamen Harfenistinnen in Kurkapellen,

Das Gefühl von schüchternen Gouvernanten...
Das Gefühl von Debutanten...

und wer nun das Gefühl nicht los wird, all diese Schicksale gehörten einer doch recht engen Welt an, der des, sagen wir einmal, mitteleuropäischen Bürgertums der Jahrhundertwende, sieht sich von Werfel durch die uns bereits bekannte jähe Weitung des Horizonts eines Besseren belehrt:

Ich lebte im Walde, ich hatte ein Bahnhofsamt

behauptet der Dichter unvermittelt, worauf es auch ihn nicht mehr in Europa hält:

Und als Kuli aß ich Abfall und Küchenreste.

Mit 28 Gedichten ist Werfel der meistvertretene Dichter in der »Menschheitsdämmerung«. Albert Ehrenstein folgt ihm mit 19 Beispielen, auch er einer, der sich in der Welt und ihren Lokalen auskennt, auch er ein Seher:

Aber ich sah auf Gibraltar die letzten Affen Europas
frierend hinsterben,
Aber ich sah indische Tänzerinnen,
gazellengangbegabte,
Vor dem Champagner und Abschaum
Eingläserner Jünglinge tanzen

aber all diese Gedichte beflügeln Ehrenstein nicht werfelgleich, sie stürzen ihn in »Verzweiflung«, ein Titel, der freilich über fast jedem seiner Gedichte stehen könnte:

Wochen, Wochen sprach ich kein Wort;
Ich lebe einsam, verdorrt.
Am Himmel zwitschert kein Stern.
Ich stürbe so gern.

Ein Wunsch, den auch der respektieren sollte, für den gerade zwitschernde Sterne ein Grund für die große Grätsche wären bzw. für das, mit Ehrenstein zu reden, große »Glück«:

Keinem habe ich Schlimmes getan,
Allen Guten half ich ein wenig.
Glück, dich soll ich nicht haben.
Man will mich nicht lebend begraben.

Mit 17 Gedichten belegt Theodor Däubler den dritten Platz unter den »Menschheitsdämmerungs«-Dichtern. Otto Dix hat ihn gemalt: sehr beleibt, sehr bärtig, sehr würdig – sehr verschieden also von Däublers eigenem Menschenbild:

Der Mensch ist eine welke Klette:
Schmarotzerrot keucht der Kaukasier hin
Und baut sich emsig gelbviolette Städte.

Doch diesem zugleich welken und emsigen Unkraut der Jetztzeit stehen die Menschen früherer, glücklicherer Tage gegenüber. Däubler weilt unter ihnen, in seinem sehr langen, sehr wunderlichen Gedicht »Überraschung«:

Ich bin doch zu Hause und glaube mich ferne.
Vielleicht in der Vorzeit. Vielleicht bloß am Nile!
Dort steigt man in Berge, ich folgte so gerne,
Doch zeigt mir der Priester gesonderte Ziele

und die wollen wir uns vom Dichter noch rasch beschreiben lassen, solch absonderlichen Vorgang liest man nicht alle Tage:

Wahrhaftig, dort steigt man für Erz in die Erde.
Auf einmal erwachen am Boden Kamele.
Nein, Erdhosen sind es mit Reckungsgebärde.
Man sprengt unterirdisch: das ist ihre Seele!

Wer jemals einer Erdhose mit Reckungsgebärde ansichtig wird, versäume also nicht, »Däubler« zu flüstern.

Im Walde dagegen

Ich bin der Wald, der muffige Kasten groß

sollte Gretel den Namen »Johannes R. Becher« parat haben, zumal dann, wenn Hänsel sie in die Sümpfe zu locken trachtet:

Horcht, wie es aus schimmlichten Sümpfen raunt
Und trommelt grinsend mit der Scherben Klapper!
Versteckt in jauchichtem Moore frech posaunt
Ein Käfer flach mit Gabelhorn auf schwarzer Kappe.

Zwei Käfer gingen durch das Korn, der eine bläst das Gabelhorn – aber halt! Kein noch so hochgemuter Spott wird je den Steilflug des Becherschen Käfers erreichen, wenden wir uns also lieber einem weiteren, letzten Tier aus der »Menschheitsdämmerung« zu, einem Lebewesen, bei dessen Anblick die Frauen dieses Sprachraums ihren Männern ohn alle Zweideutigkeit »Stramm« zuflüstern können. August Stramm heißt der Dichter und »Wunder« sein Gedicht:

Du steht! Du steht!
Und ich
Und ich
Ich winge
Raumlos zeitlos wäglos
Du steht! Du steht!
Und
Rasen bäret mich
Ich
Bär mich selber!
Du!

Ein Vergleich war angekündigt, lang und breit habe ich mich bei Kosmisch-Komischem oder doch Befremdlichem in der »Menschheitsdämmerung« aufgehalten, um so kürzer kann ich mich nun fassen. Im »Luchterhand Jahrbuch der Lyrik 89/90« nämlich gibt es all das nicht. Nichts unfreiwillig Erheiterndes – allerdings auch nichts freiwillig Lustiges –, nichts Befremdliches – allerdings auch nichts Unbekanntes –: An den Gedichten dieser Saison ist nichts auszusetzen, allerdings setzen sie auch niemandem zu.

Der Ordnung halber sei gesagt, daß das »Jahrbuch« natürlich auch gute Gedichte enthält. Jandl- und Rühmkorf-Sound beispielsweise sind mit reifen Beispielen vertreten, stehen jedoch recht unverbunden in dem gedämpft dialogisierenden Rest. Und selbstverständlich ist auch das noch eine unzulässige Verallgemeinerung, gibt es jede Menge Unterschiede, Präziseres und Vageres, Persönlicheres und Unpersönlicheres, Stärkeres und Schwächeres – nur eben nichts vollkommen Einleuchtendes und – was bedenklicher stimmt – nichts gänzlich Mißlungenes.

Das sei lediglich konstatiert, nicht erklärt. Daß keine Dichterin, kein Dichter erkennbar scheitert, mag auf die formale, emotionale und inhaltliche Vorsicht zurückzuführen sein, mit der sie alle ans Werk gehen. Diese Vorsicht wiederum gründet möglicherweise auf dem Wissen, wieviel bereits in unwiederholbaren historischen Momenten gedichtet worden ist und wie wenig das Gedicht vermag. Eine für die Herstellung von Gedichten hier und heute sicherlich unverzichtbare Reflexion – doch weshalb ist dieser doch recht schlichte und allseits bekannte Sachverhalt in den letzten Jahren so häufig zum Thema von Gedichten avanciert?

Matthias Politycki beginnt eines seiner Gedichte mit Sätzen, die angenehm grell aus dem allgemeinen Gemurmel heraustönen:

Afrika will ich, den wilden Gesang:
Farbe, die blendet den Blick, dann Geruch,
der mir den Atem nimmt und die Besinnung

und: Genau! sage ich, mehr davon, das wollen wir doch alle! Aber kurz darauf glaubt sich der Dichter bereits genötigt, mir mitzuteilen, daß er nicht Ernst, sondern lediglich Literatur macht:

Afrika will ich, den wilden Gesang:
Holzfreien Urwald, in Versformen wuchernd ...
ganz Afrika will ich, das wilde Gedicht
und ein Flirren darin. – Doch ich hör mich nicht.

Sein Problem! kann ich da nur sagen. Daß ein Gedicht aus Wörtern besteht, weiß ich, und ob *ich* es gerne höre, hängt ausschließlich davon ab, was der Dichter mit diesen Wörtern macht:

In gelben Buchten sogen wir die Fernen
Verspülte Lüfte, die von Städten wissen,
Wo Lüste grünen, angerührt von Wahnsinn.
Wir schwammen auf dem Fieberschiff stromauf
und sonnten unsre Leiber an dem Buhlen
Waldheißer Panther, die der Sommer quält.
Der Klapperschlange nacktes Schlammgeringel
Wand sich verstört, als wir vorüberkamen

Spätestens hier trägt es Ernst Wilhelm Lotz und sein eher betütertes denn trunkenes Schiff aus der Bahn, doch ein anderer Dichter der »Menschheitsdämmerung«, Gottfried Benn, hält Kurs und steuert seine »Gesänge« wider alle Erwartung haarscharf zwischen der Scylla des Pathos und der Charybdis des Kitsches hindurch:

Die weiche Bucht. Die dunklen Wälderträume.
Die Sterne, schneeballblütengroß und schwer.
Die Panther springen lautlos durch die Bäume.
Alles ist Ufer. Ewig ruft das Meer. –

Da hat einer Afrika nicht nur gewollt, sondern gemacht, eine Ferne aus Worten, wie sie schöner dem deutschen Schlager nicht geglückt ist. Immerhin hat der nie vergessen, daß Entrückung zu den Urbedürfnissen des Menschen zählt:

Sind die weißen Segel gesetzt?
Fahren wir jetzt, fahren wir jetzt?
Sind die schlanken Boote soweit?
Sind sie zur Fahrt bereit?

So lautet der Auftakt zu dem schönen Lied »Rote Rosen, rote Lippen, roter Wein«, Text André Hoff, vier in ihrem fast ängstlichen Drängen sehr gelungene und mitreißende Zeilen.

Benn hätte vermutlich nichts dagegen gehabt, in die Nähe Hoffs gebracht zu werden. »Ein Schlager von Klasse enthält mehr Jahrhundert als eine Motette«, hat er notiert und damit jedem aus der Seele gesprochen, der schon immer so seine Vorbehalte gegenüber Motetten hatte, das aber nicht zu sagen wagte. Wobei Benn selbstredend um die Unterschiede zwischen Benn und Hoff wußte: »Der große Dichter ist ein großer Realist, sehr nahe an allen Wirklichkeiten – er belädt sich mit allen Wirklichkeiten«, und das hat Hoff bestimmt nicht getan. Oder doch? Offen gestanden kenne ich nur diesen einen Text von ihm, und darin erfüllt

Hoff zumindest in Ansätzen das, was Benn der Dichtung abverlangt: »Aber Lyrik wird daraus nur, wenn es in eine Form gerät, die diesen Inhalt autochthon macht, ihn trägt, aus ihm mit Worten Faszination macht.«

Das haben sie denn auch alle versucht, die Jünglinge von 1770 ebenso wie die von 1910: »Noch aber steht sie da: 1910–1920. Meine Generation! Hämmert das Absolute in abstrakte harte Formen: Bild, Vers, Flötenlied...«, schreibt der fast siebzigjährige Benn 1955 in der Einleitung der Anthologie »Lyrik des expressionistischen Jahrzehnts«.

Seine Generation! Benn bekennt sich mit gutem Grund zu ihr, auch wenn sie oft genug lediglich das Abstruse in arg platte Formeln gepreßt hat. Um so schreiben zu können, wie er es in jenem expressionistischen Jahrzehnt tat – »Ein Aufstand mit Eruptionen, Ekstasen, Haß, neuer Menschheitssehnsucht« – brauchte er, brauchte ein jeder Künstler die anderen. Ein Aufstand ist nicht im Alleingang möglich, und eine Künstlergeneration kann nicht nur aus Genies bestehen. Zudem glückte häufig genug auch der Zugriff jener Minderdichter, deren Fehlgriffe ich habe Revue passieren lassen; nicht, um der Besserwisserei Vorschub zu leisten, sondern um besser zu verdeutlichen, woran es der jetzigen Lyrik-Saison mangelt.

So hat Stramm nicht nur den irritierenden Ichmichselber-Bär in die Welt gesetzt, er schickte auch jene kurze aber folgenreiche »Patrouille« los, die sich durch die Jahrzehnte bis ins Werk Arno Schmidts vorgearbeitet hat:

Die Steine feinden
Fenster grinst Verrat
Äste würgen
Berge Sträucher blättern raschlig
Gellen
Tod.

Von Albert Ehrenstein, dessen Lamento über das Nichtlebendigbegrabenwerden durchaus auf den Geist gehen kann, gibt es auch Klagen, die ans Herz greifen:

Meine Freunde sind schwank wie Rohr,
Auf ihren Lippen sitzt ihr Herz,
Keuschheit kennen sie nicht;
Tanzen möchte ich auf ihren Häuptern.

beginnt sein Gedicht »Der Wanderer«,

Ich kenne die Zähne der Hunde

heißt es in ihm, und schön bitter endet es:

»Töte dich!« spricht mein Messer zu mir.
Im Kote liege ich;
Hoch über mir, in Karossen befahren
Meine Freunde den Mondregenbogen.

Ein klares Wort, ein wahres Bild, und ebenso klar und wahr endet Ernst Wilhelm Lotz ein Gedicht über Liebende:

Ihr seid sehr heiß.
Und schöne Raubtierflecken zieren eure Rücken.

Zeilen, für die ich gerne die sommergequälten Panther und das nackte Klapperschlangenschlammgekringel anderer Gedichte in Kauf nehme: Raubtierflecken auf den Rücken, so wild kann – nein muß! – das Lieben sein. Oder so entgrenzend wie bei Werfel:

Als mich Dein Dasein tränenwärts entrückte
Und ich durch Dich ins Unermeßne schwärmte,
Erlebten diesen Tag nicht Abgehärmte,
Mühselig Millionen Unterdrückte?

Mit dieser Fanfare beginnt er ein Sonett, in welchem es ihm gelingt, seinen sonst so schwankenden, derart häufig ins bodenlos Komische abrutschenden Hohen Ton nicht nur strahlend durchzuhalten, sondern anschwellen zu lassen, bis zu jener bang geschmetterten Frage, mit welcher der Dichter im Namen aller Glücklichen endet:

Ihr Keuchenden auf Straßen und auf Flüssen!!
Gibt es ein Gleichgewicht in Welt und Leben,
Wie werd' ich diese Schuld bezahlen müssen!?

Und selbst aus Johannes R. Bechers Gabelhorn dringen nicht nur schieche Töne. Sein Gedicht »Vorbereitung« beginnt fahrig, doch packend:

Der Dichter meidet strahlende Akkorde.
Er stößt durch Tuben, peitscht die Trommel schrill.
Er reißt das Volk auf mit gehackten Sätzen.

Ich lerne. Ich bereite vor. Ich übe mich.
Wie arbeite ich – hah leidenschaftlichst! –
Gegen mein noch unplastisches Gesicht –:

doch außer solcher Gesichtschirurgie hat Becher noch ganz andere Projekte auf dem Zettel:

... bald werden sich die Sturzwellen meiner Sätze zu
einer unerhörten Figur verfügen.
Reden. Manifeste. Parlament. Das sprühende politische
Schauspiel. Der Experimentalroman.
Gesänge von Tribünen herab vorzutragen.

Große Worte, 1919. Hat Becher ihnen Taten folgen lassen?

Der Anhang der »Menschheitsdämmerung« von 1959 zählt rund 110 Veröffentlichungen Johannes R. Bechers (1891–1958) auf, von »Der Ringende. Kleist-Hymne, Berlin 1911« bis »Walter Ulbricht – ein deutscher Arbeitersohn, Berlin 1958« – also gear beitet hat er, der Dichter, und das nicht nur an seinem Gesicht. Ob sich auch »Das sprühende politische Schauspiel« unter diesen Arbeiten befindet oder »Der Experimentalroman«? Ich weiß es nicht. Dafür weiß neuerdings jeder, daß er in einem seiner »Gesänge von Tribünen herab vorzutragen«, in der sogenannten »Becher-Hymne« einen der folgenreichsten deutschen Dichtersätze der letzten Jahrzehnte zu Papier gebracht hat: Als die Bürger der DDR für ihren Wunsch nach Wiedervereinigung auf die Straße gingen und ihn die

Tribünen hinauf vortrugen, da gab ihnen ein Dichter zu sagen, was sie wollten, pathetisch, rhythmisch, gut: »Deutschland, einig Vaterland« – eine Sprachfigur, die erhört wurde.

FAZIT, 1990

Warum dichtet einer? Weil er Gedichte gelesen hat. Warum liest einer Gedichte? Weil er einmal hängen geblieben ist – an einem ganzen Gedicht, an einer Strophe, an einigen Zeilen, an ein paar Worten –, und weil er nun ständig darauf hofft, daß sich das wiederholt: Ein kurzer Ruck an der Sprachangel, und schon ist der Lesende von Einsichten gefesselt oder von Gefühlen gefangengenommen.

Als Fischer begriff sich der Dichter Benn, wenn er dichtete: »Ich war kein Rutengänger und Steppenwolf. Mehr ein Sichauslegen mit Wurm und Angel, etwas anbeißen lassen, Eindrücke, Träume« – auf Fang gehen aber auch die Gedichte aus.

Wer ein Gedicht schreibt, mag ganz und gar bei sich sein und es möglicherweise auch für sich behalten wollen; wer es veröffentlicht, will den anderen. Den? Meint das einen? Oder viele? Gar alle? Warum eigentlich nicht alle? Der Versuch ist schließlich nicht strafbar, und als Irrtum erweist er sich selten sogleich. Nach Jahren erst, oft erst nach Jahrzehnten läßt sich verläßlich überprüfen, wie viele da hängengeblieben sind bzw. wieviel davon hängengeblieben ist in den Köpfen der Leser. Wenn sie denn lesen...

Nein, nicht noch einmal das Klagelied vom mangelnden Interesse für Gedichte! Ein vierstimmiges Loblied soll diese Überlegungen beschließen, ein Dichter-Quartett von Männern, die vermutlich gar nicht wissen, daß sie alle miteinander ein und dasselbe Thema variiert haben. Das aber hatte ein älterer Kollege vorgegeben, Bertolt Brecht in seinem Gedicht »An die Nachgeborenen«, und die so Angeredeten hatten sich vor allem durch einen Satz angesprochen und angelockt gefühlt:

Was sind das für Zeiten, wo
Ein Gespräch über Bäume fast ein Verbrechen ist.
Weil es ein Schweigen über so viele Untaten
einschließt!

Ein meisterhafter Köder, mit fast perfide kalkulierter Kennerschaft ausgelegt! Derselbe Dichter, der einst »Vom Klettern in den Bäumen« gesungen hatte

Wenn ihr aus eurem Wasser steigt am Abend –
Denn ihr müßt nackt sein, und die Haut muß weich
sein –
Dann steigt auch noch auf eure großen Bäume
Bei leichtem Wind. Auch soll der Himmel bleich sein

dieser beredte Naturfreund also kriminalisierte ausgerechnet das Gespräch über einen der scheinbar unverfänglichsten Gegenstände überhaupt, war aber zugleich so listig, sein Verdikt durch das einschränkende »fast« so weit abzumildern, daß er erst recht Widerspruch provozierte: Von jenen, denen das Urteil nicht weit genug, und jenen, denen es zu weit ging.

Ich habe die Wirkungen der Brecht-Zeilen nicht eigens erforscht. Alles, was ich darüber weiß, fand ich beim unsystematischen Lesen im Conrady: Viermal nehmen da jüngere Dichter auf den älteren Bezug, und ich vermag nicht einmal zu sagen, ob der Herausgeber mit dieser Häufung von Echos eine Absicht verfolgt hat. Sicher ist jedoch, daß ihre Zahl in seinem Buch Echo-Rekord darstellt, ziemlich gewiß scheint mir, daß sich weit mehr als die vier dort versammelten Nachklänge und Gegengesänge zu Brechts Gedicht finden lassen.

Ein Blatt, baumlos,
für Bertolt Brecht:

enthält die Antwort Paul Celans (geb. 1920), eine Ausweitung der Anklage, die beinahe jedermann zum Verbrecher macht, den antwortenden Dichter selbstredend miteingeschlossen:

Was sind das für Zeiten,
wo ein Gespräch
beinah ein Verbrechen ist,
weil es soviel Gesagtes
mit einschließt?

Erich Fried (geb. 1921) nennt ein Gedicht

Gespräch über Bäume

und beginnt es mit vermeintlich arglosen, scheinbar vom Dichter gesprochenen Worten:

Seit der Gärtner die Zweige gestutzt hat
sind meine Äpfel größer
Aber die Blätter des Birnbaums
sind krank. Sie rollen sich ein

doch unvermutet tritt dem bereits in Sicherheit gewiegten Leser der wahre Dichter mit der eigentlichen Botschaft Frieds entgegen:

In Vietnam sind die Bäume entlaubt

unterbricht er den um seinen Birnbaum besorgten Bürger, und wir begreifen betroffen, daß ein Gespräch über die hiesigen Bäume deshalb ein Verbrechen ist, weil es die Untaten an den dortigen Bäumen verschweigt.

Hans Magnus Enzensberger (geb. 1929) ist da umgänglicher. Er hält nicht den anderen ihre Fehler vor, sondern räumt freimütig selber »Zwei Fehler« ein:

Ich gebe zu, seinerzeit
habe ich mit Spatzen auf Kanonen geschossen.

Daß das keine Volltreffer gab,
sehe ich ein.

Dagegen habe ich nie behauptet,
nun gelte es zu schweigen.

Schlafen, Luftholen, Dichten:
das ist fast kein Verbrechen.

Ganz zu schweigen
von dem berühmten Gespräch über Bäume.

Kanonen auf Spatzen, das hieße doch
in den umgekehrten Fehler verfallen.

»Das berühmte Gespräch über Bäume« – wußte Brecht wirklich und wahrhaftig, was er tat, als er gerade dieses eine Wort »Bäume« niederschrieb? Oder hat ihn der Zufall unter allen möglichen zweisilbigen Wörtern ausgerechnet dasjenige aussuchen lasen, das nicht aufhören sollte, die Gemüter zu erhitzen?

Er hätte ja auch »Bücher« sagen können oder »Bauten« oder »Bilder« – alles Gegenstände, über die man in den Kreisen, in denen Brecht sich aufhielt, sicherlich weit häufiger gesprochen hat als über Bäume, alles Themen, die verdächtig eilfertig immer dann bemüht werden, wenn es darum geht, Untaten zu verschweigen: Heiter sei die Kunst.

Brecht konnte ja nicht ahnen, welche Metamorphosen den »Baum« noch erwarteten, bis er den Nachgeborenen zum Indikator für ihr eigenes Überleben bzw. zum Vorreiter ihres eigenen Untergangs wurde: Erst stirbt der Wald, dann stirbt der Mensch. Oder schwante ihm da doch was? Wußte er gar etwas?

Mein Freund der Baum ist tot.
Er starb im frühen Morgenrot.

sang Alexandra Ende der 60er, als vom Sauren Regen und Killer-Orkanen noch nicht die Rede war. Ihre Klage über den Tod ihres vielblättrigen Freundes wurde dennoch zu einem ihrer größten Erfolge, und seit mich diese Überlegungen dazu veranlaßt haben, mal wieder den »Werther« in die Hand zu nehmen, glaube ich auch begründen zu können, wieso. Das Bäumebetrauern nämlich hat hierzulande offenbar eine lange Tradition, die, natürlich, auch in deutscher Dichtung wurzelt. Wie tief? Die älteste mir bekannte Wurzel läßt sich genau datieren, sie stammt vom 15. September 1772. An diesem Tage läßt Goethe seinen Werther den folgenden Brief schreiben: »Man möchte rasend werden, Wilhelm, daß es Menschen geben soll ohne Sinn und Gefühl an dem wenigen, was auf Erden noch einen Wert hat. Du kennst die Nußbäume, unter denen ich beim dem Pfarrer zu St... mit Lotten gesessen, die herrlichen Nußbäume!... Ich sage Dir, dem Schulmeister standen die Tränen in den Augen, da wir gestern davon redeten, daß sie abgehauen worden – Abgehauen! Ich möchte toll werden, ich könnte den Hund ermorden, der den ersten Hieb dran tat.«

Erst stirbt der Baum, dann stirbt der Baummörder – aber so weit geht der Werther denn doch nicht. Zumal die Holzhacker ja lediglich Ausführende waren, Handlanger der ordnungswütigen neuen Pfarrersfrau: »Stelle dir vor, die abfallenden Blätter machen ihr den Hof unrein und dumpfig.«

Ein spitzköpfiges Saubermannsdenken, das sich seither ebenso durch die Jahrhunderte zieht wie Wut, Zorn und Trauer der Andersfühlenden – sage mir, wie du es mit den Bäumen hältst, und ich sage dir, wer du bist –: Brecht muß genau gewußt haben, was er tat, als er ausgerechnet ein so innig besetztes Wort wie »Bäume« niederschrieb. Aber trifft das auch noch für Walter Helmut Fritz (geb. 1929) zu?

Bäume

heißt sein Gedicht, das Wertherschen Ingrimm mit Alexandrascher Innigkeit paart und Brecht derart wohlfeil über den Mund fährt, daß es fast schon kriminell zu nennen ist:

Wieder hat man in der Stadt,
um Parkplätze zu schaffen,
Platanen gefällt.
Sie wußten viel

– nicht: Sie wußten zuviel –? Gleichviel, das eigentliche Verbrechen kommt noch:

Wenn wir in ihrer Nähe waren,
begrüßten wir sie als Freunde.
Inzwischen ist es fast
zu einem Verbrechen geworden,
nicht über Bäume zu sprechen

– ein Einfall, auf den einer erst mal kommen muß, doch leider haben den schon hunderte gehabt –:

ihre Wurzeln,
den Wind, die Vögel,
die sich in ihnen niederlassen,
den Frieden,
an den sie uns erinnern.

Stumpfe, dumpfe Zeilen, in denen nichts mehr den Glanz des Brechtschen Blinkers reflektiert. Dem ist Fritz zwar erlegen, doch hat er aus seiner eigenen Faszination nichts gelernt. Nichts darüber, wie man selber

Köder auslegt, nichts darüber, wie man das Interesse der Beute wachhält und steigert, nichts über kalkulierte Verlockung also und nichts über den jähen Ruck der Angel.

Dennoch: Auch wenn niemand je den Fritz memorieren wird, der Fritz hat immerhin des Brecht gedacht. Noch in ihrer Hilflosigkeit halten seine durchaus zeittypischen Zeilen daher die Erinnerung wach an eine andere Zeit, da das Dichten noch geholfen hat. Wem geholfen? Na wem schon. Wodurch geholfen? Muß ich es wirklich noch einmal sagen? Hat es Franz Werfel nicht schon sehr viel schöner gesagt, auch wenn er, vermutlich, etwas ganz anderes gemeint hat? –:

In deinem Aufschwung, Mensch, wird alles groß!
In deinem Abschwung alles hoffnungslos!

NACHWEISE

»Thesen zum Thema«, Referat, gehalten Herbst 1989 in der HVH Rendsburg, unveröffentlicht.
»Herr Gernhardt, warum schreiben Sie Gedichte? Das ist eine lange Geschichte«, Nachwort zu einer Gedichtauswahl für den Reclam Verlag, 1990.
»Dreierpack«. Die ersten beiden Interpretationen erschienen zuerst in der ›Frankfurter Allgemeinen Zeitung‹, dann im Band 12 der »Frankfurter Anthologie. Gedichte und Interpretationen«, herausgegeben von Marcel Reich-Ranicki, Insel Verlag 1989. Die dritte Deutung wurde für den Schulfunk des Bayrischen Rundfunks geschrieben und am 13. März 1990 gesendet.
»Darf man Dichter verbessern?« erschien erheblich gekürzt in der ›Zeit‹ und wird hier erstmals in voller Länge veröffentlicht.
»Golden Oldies oder Wo zum Teufel bleiben eigentlich die Lyrik-Hämmer der Saison?«, unveröffentlicht.

DANK

Warum schreibt einer über Gedichte? Weil er was über Gedichte gelesen hat und sich nun ebenfalls so seine Gedanken machen will. Aber sind das auch wirklich immer seine eigenen?

Während ich an den hier versammelten Aufsätzen schrieb, zog ich verschiedene Bücher heran und mußte hin und wieder feststellen, daß andere sich bereits meine Gedanken gemacht hatten.

Das Buch von Peter Hacks, »Historien und Romanzen, Urpoesie, oder: Das scheintote Kind«, 1985, las ich noch so rechtzeitig, daß ich es in meinen Gedankengang einbauen konnte.

Die Lektüre von »Das Wasserzeichen der Poesie oder Die Kunst und das Vergnügen, Gedichte zu lesen. In hundertvierundsechzig Spielarten vorgestellt von Andreas Thalmayr«, 1985, kam zu spät, zumindest für meinen ersten Beitrag. Was ich da vorführe – daß man Gedichtzeilen deutscher Dichter dieser Tage unbesorgt zusammenleimen könne, da das ja doch nicht auffalle –, diese kritische Methode also hat Thalmayr-Enzensberger in seiner Collage »Teestunde« (aus

Günter Herburger, Michael Krüger, Jürgen Theobaldy, Rolf Dieter Brinkmann) sehr viel triftiger und witziger vorweggenommen. Ich stieß darauf, als ich im genannten, sehr fakten-, hilf- und lehrreichen Buch Materialien zur Villon-Brecht-Kerr-Affäre suchte und fand.

Peter Rühmkorfs Untersuchung »agar agar – zaurzaurim« hatte ich bereits bei seinem Erscheinen 1981 gelesen. Mit Gewinn, wie ich beim Wiederlesen feststellte. Da freilich hatte ich denjenigen Beitrag bereits geschrieben und abgeschickt, der am meisten von dieser Lektüre profitiert hat – »Herr Gernhardt etc.« –, ohne daß doch der Text dem Rechnung trüge: Ganz einfach deshalb, weil ich gar nicht mehr wußte, was da alles beim Lesen hängengeblieben war. Nun weiß ich es besser und kann nicht eindringlich genug auf Rühmkorfs gesammelte Vorlesungen hinweisen: Sie seien jedem ans Herz gelegt, der Verbindliches »Zur Naturgeschichte des Reims und der menschlichen Anklangsnerven« sowie über Ticks und Tricks des Sprachartisten erfahren will.

Uwe Wittstock, mit dem ich gelegentlich über das Thema der Verbesserbarkeit von Gedichten gesprochen hatte, sandte mir ein Flaubert-Zitat, das zu schön ist, um nicht noch im letzten Augenblick in dieses Büchlein aufgenommen zu werden. In »Lehrjahre des Gefühls«, I. Teil, Kapitel IV, besucht Hussonet, ein ziemlich gewissenloser Nachwuchsjournalist und Möchtegern-Schriftsteller, den Helden Frédéric: »Dann bemerkte er auf dem Bücherregal einen Band Hugo und einen von Lamartine und erging sich in Verspottungen der romantischen Schule. Diese Dichter hätten weder gesunden bürgerlichen Geist noch Korrektheit, und sie wären gar keine Franzosen. Er hingegen beherrschte die Metrik und zerpflückte die schönsten Phrasen der Lyriker mit dem boshaften Zorn und der Pedanterie des Geschmacks, die für die Humoristen, sobald sie sich der ernsten Kunst zuwenden, bezeichnend sind.«

Wirklich nur für die Humoristen? Dann war der Comte de Lautréamont alias Isidore Ducasse, der Dichter der »Gesänge des Maldoror«, auch einer. 1869 waren die »Lehrjahre des Gefühls« herausgekommen, am 21. 2. 1870, kurz vor seinem frühen Tode, beschreibt Ducasse in einem seiner wenigen erhaltenen Briefe dem Verleger Verbroeckhoven seine Zukunftspläne, und er tut dies mit Worten, die einen unbefangenen Leser glauben lassen könnten, er selber habe Flaubert Modell gestanden: »In einem Werk, das ich Lacroix (dem

Teilhaber des Verlegers) in den ersten Märztagen bringen werde, greife ich die schönsten Dichtungen von Lamartine, von Victor Hugo, von Alfred de Musset, von Byron und von Baudelaire an und verbessere sie im Sinne der Hoffnung; ich zeige, wie man es hätte machen müssen. Zugleich verbessere ich darin sechs der schlechtesten Stellen meines verflixten Buches.«

Dank auch den Herren Eyber, Haffmans, Koneffke und Schiedermair für wertvolle Hinweise, vor allem aber Herrn Bischof Dr. Martin Kruse, dem Vorsitzenden des Rates der Evangelischen Kirche in Deutschland. Der schrieb im April 1990 das Grußwort der Einladung zur Verleihung des »Evangelischen Buchpreises 1990« an den Lyriker Wulf Kirsten, und er begann es mit Worten, die mir die Gewißheit gaben, daß sie beide doch ziemlich unsterblich zu sein scheinen, das Gedicht und das Reden darüber: »Lyrik ›verdichtet‹ Wirklichkeit und weist so über den Tag hinaus.«

Geb's Gott.